Susie Alexander

Rund ums Jahr kreativ basteln

Schönes und Nützliches
aus alltäglichen Materialien

Mit Kopiervorlagen

Auer Verlag GmbH

Gedruckt auf umweltbewusst gefertigtem, chlorfrei gebleichtem
und alterungsbeständigem Papier.

1. Auflage 2008
Nach den seit 2006 amtlich gültigen Regelungen der Rechtschreibung

Übersetzung: Claudia Huber, Erfurt
Satz: Fotosatz Buck, Kumhausen
Druck und Bindung: Kessler Druck + Medien, Bobingen
ISBN 978-3-403-0**4937**-1

www.auer-verlag.de

Inhalt

Hinweise zum Einsatz des Buches

Einen Überblick verschaffen: Blättern Sie das Buch durch, um sich mit der Art der Projekte und dem Aufbau der einzelnen Teile, die nach Jahreszeiten und Festen gegliedert sind, bekannt zu machen. Die Abbildungen der fertigen Basteleien veranschaulichen die Anleitungen. Schwierigere Arbeitsschritte werden zusätzlich illustriert.

Material sammeln: Überlegen Sie, welches Material Sie und Ihre Schüler* nebenher sammeln können. Dazu gehören Dinge, die im Haushalt zu finden sind, wie Plastikflaschen, Becher, Dosen unterschiedlicher Größe, Eierkartons, Verpackungsschalen aus Styropor oder Ähnliches. Manches findet sich auch draußen, z. B. Federn, Nüsse, Steine, Samen und Blätter. Eventuell werden Sie noch weitere Materialien kaufen müssen, die Sie immer wieder benutzen können: Holzspatel, Tonpapier, Scheren, Klebeband, Leim, Farben, Pinsel, Filzstifte und Wachsmalstifte.

Material aufbewahren: Verwenden Sie Kunststoffkisten oder bestimmen Sie einen Platz (z. B. ein Regal im Klassenraum), an dem Sie das Material lagern können. Achten Sie darauf, dass dieses Lager für Ihre Schüler erreichbar ist, damit sie die Sammlung mit neuen, geeigneten Bastelmaterialien ergänzen können. Bitten Sie die Kinder, sich rücksichtsvoll zu verhalten. Sie sollten andere fragen, bevor sie etwas nehmen, das ihnen nicht gehört.

So geht's: Die Anleitungen aus diesem Buch können in beliebiger Reihenfolge verwendet werden und Sie können sie den Bedürfnissen Ihrer Schüler entsprechend abändern. Lesen Sie die Anleitungen zusammen mit den Kindern durch und sprechen Sie mit ihnen über das gewählte Projekt. Prüfen Sie den Punkt „Material", um sicherzustellen, dass alles Benötigte vorhanden ist, bevor die Kinder mit der Arbeit beginnen. Ältere Kinder werden die meisten Projekte selbstständig bearbeiten können. Jüngere benötigen gegebenenfalls Hilfe.

Sicherheit: Lesen Sie sich die Sicherheitshinweise durch, um die Gefahr von Unfällen zu minimieren. Prüfen Sie, bei welchen Projekten Sie aufgrund des hohen Schwierigkeitsgrades der Aufgaben oder potenzieller Gefahren die ganze Zeit dabei sein sollten.

Kreativität fördern: Sie könnten in Versuchung geraten, manches einfach selbst zu machen, aber bewahren Sie Geduld und denken Sie daran, dass es sich um Kunstwerke der Kinder handelt. Helfen Sie nur, wo es unbedingt notwendig ist.

Und nun: Viel Spaß beim kreativen Basteln rund ums Jahr!

* Aufgrund der besseren Lesbarkeit wird nur die männliche Form verwendet. Selbstverständlich sind Schülerinnen und Lehrerinnen jeweils mit angesprochen.

Sicherheitshinweise

Für Lehrer

1. Lesen Sie die Anleitungen sorgfältig durch, bevor Sie mit Ihren Schülern zu basteln beginnen.
2. Unterstützen Sie Ihre Schüler aktiv bei Projekten, bei denen aus Sicherheitsgründen die Aufsicht eines Erwachsenen erforderlich ist, wenn also z. B. Bügeleisen, Herdplatte, Heißklebepistole, Werkzeuge oder spitze Gegenstände benötigt werden.
3. Reinigen Sie alle vorher benutzten Behälter gründlich. Geben Sie gegebenenfalls etwas Desinfektionsmittel ins Spülwasser, um Bakterien abzutöten.
4. Verwenden Sie nie Verpackungsschalen, in denen rohes Geflügelfleisch aufbewahrt wurde. Eierschalen sollten mit Desinfektionsmittel gereinigt werden, um potenziell gefährliche Bakterien abzutöten.
5. Bedecken Sie die Arbeitsfläche mit einer schützenden Lage Stoff, Folie, Karton oder Zeitung.
6. Verhalten Sie sich vorbildlich, wenn Sie mit den Kindern basteln. Wenn Sie ein potenziell gefährliches Gerät oder Werkzeug nicht mehr benötigen, schalten Sie es ab, räumen Sie es weg oder sichern Sie es auf andere Weise, um Verletzungen zu vermeiden.
7. Bringen Sie den Kindern bei, den Arbeitsplatz sauber zu halten und alle Dinge an ihren Platz zu räumen, wenn das Projekt fertig ist.

Für Schüler

Lasst euch von eurem Lehrer helfen, wenn ihr Folgendes benutzt:

- scharfe Gegenstände wie Scheren, Messer, Reißzwecken und Nadeln,
- heiße Dinge wie Bügeleisen, Heißklebepistolen und Herdplatten und
- Werkzeuge wie Hämmer oder Schraubenzieher.

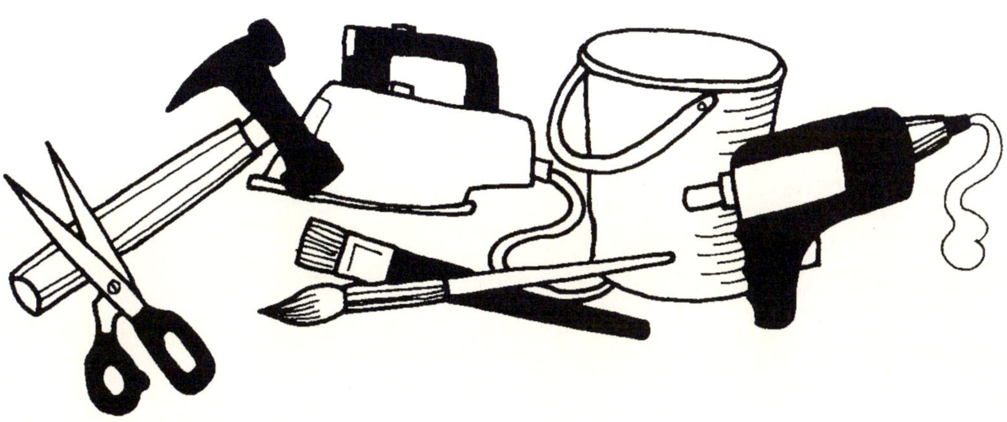

Herbstliche Collage

Material

- flache Styropor- oder Plastikschale (z. B. aus der Gemüsetheke)
- herbstliche Naturmaterialien wie Eicheln, Blätter, Nüsse, Kiefernzapfen und/oder Samen
- Kleber
- Lochzange
- Bindfaden

Schritt 2

Material für weitere Vorschläge

- leere Getränkedose
- Pappteller
- Kastanien, Apfel- und Kürbiskerne

Los geht's!

1. Sammle Eicheln, Blätter, Nüsse, Kieferzapfen oder ähnliche Dinge, die du im Herbst draußen finden kannst.
2. Ordne die Materialien auf einer Schale so an, wie es dir gefällt. Klebe sie dann fest.
3. Kneife mit der Zange je zwei Löcher in die beiden oberen Ecken der Schale. Schneide ein Stück Bindfaden ab, führe die beiden Enden durch die Löcher und verknote sie.
4. An diesem Faden kannst du deine Collage aufhängen.

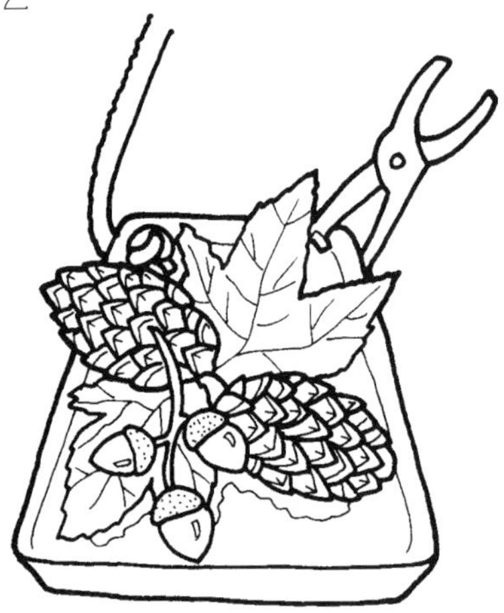

Schritt 3

Weitere Vorschläge

- Gestalte eine weitere herbstliche Collage, indem du eine leere Getränkedose oder ein Glas mit den übrigen Materialien beklebst. Fülle deine neu entstandene Vase anschließend mit Wasser und stelle Blumen hinein.
- Früher haben Kinder Ketten aus Naturmaterialien gebastelt. Frage deine Eltern oder Großeltern danach. Du könntest Kastanien, getrocknete Apfel- oder Kürbiskerne zu einer schönen Halskette auffädeln.
- Gestalte Bilder von Tieren und Menschen, indem du Samen und Nüsse auf die Styroporschale klebst. Du kannst dafür auch einen Pappteller benutzen.
- Bastle ein Spielzeug nur aus Naturmaterialien.

Apfelmännchen

Material

- Äpfel
- Messer
- Gewürznelken
- Wolle
- Spitze, Borte und/oder Band
- Stecknadeln
- Holzspatel

Material für weitere Vorschläge

- Rouge

Los geht's!

1. Schäle die Äpfel. Schneide dort, wo du Augen, Nase und Mund haben willst, tiefe Schlitze in den Apfel und stecke Gewürznelken hinein. Mit einigen flachen Einschnitten entlang des Apfels machst du Falten in das Gesicht.
2. Heize den Backofen auf 65 °C vor und setze die Gesichter auf ein mit Backpapier belegtes Backblech. Lass die Äpfel mehrere Stunden backen. Nimm sie zum Kühlen heraus.
3. Für die Haare befestigst du mit Stecknadeln Wolle auf den Apfelköpfen. Schmücke die Apfelgesichter mit Spitze, Schleifen, Hüten und allem, was du sonst noch magst. Befestige diese Dekorationen mit weiteren Stecknadeln.
4. Stecke in jeden Apfel von unten einen Holzspatel.

Schritt 2

Schritt 3

Weitere Vorschläge

- Trage Rouge auf die Wangen der Apfelgesichter auf, um ihnen Farbe zu geben.
- Lies ein Buch über Apfelbäume, z. B. „Apfelbaum und Weidentraum" von Clausen/Seelig/Tebbenhoff (Patmos Verlag 2004). Erkundige dich in der Bibliothek, welche Bücher es über Äpfel gibt.

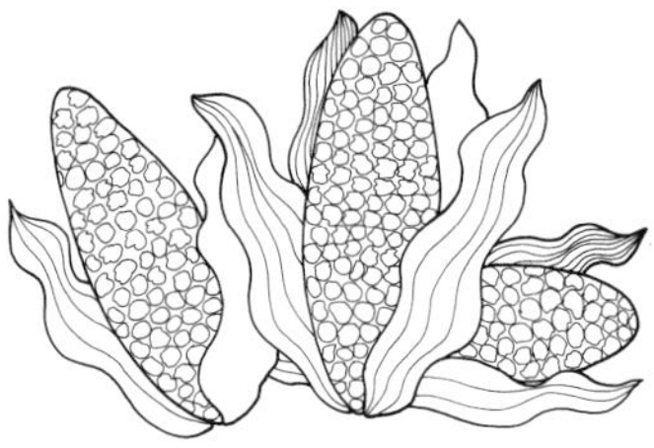

Mais-Kunst

Material

- Schere
- Bleistift
- grünes, gelbes, orangefarbenes, rotes und braunes Tonpapier
- Kleber

Material für weitere Vorschläge

- Seidenpapier
- Wattestäbchen
- rote, gelbe, braune und orange Farbe

Los geht's!

1. Zeichne auf braunes Tonpapier die Form eines Maiskolbens und schneide sie aus. Zeichne dann auf grünes Tonpapier zwei Maisblätter und schneide sie aus.
2. Schneide aus gelbem, orangefarbenem und rotem Tonpapier daumennagelgroße Quadrate als Maiskörner aus. Klebe die Quadrate in Reihen auf den Maiskolben. Die Anordnung der Farben kannst du dir aussuchen.
3. Klebe die Maisblätter so an den Maiskolben, wie es in der Abbildung gezeigt wird.

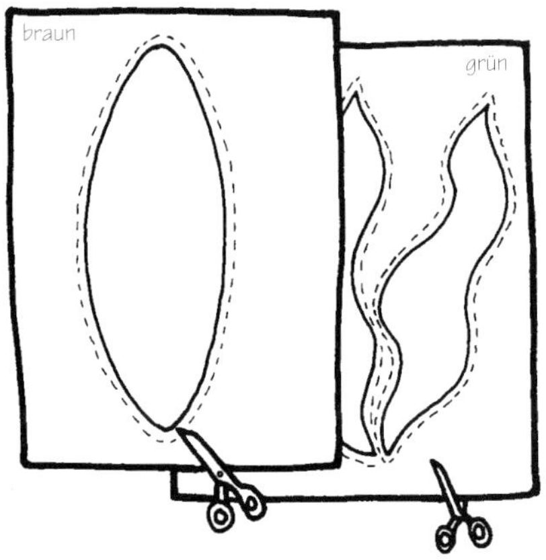

Schritt 1

Weitere Vorschläge

- Statt Tonpapier kannst du auch Seidenpapier verwenden. Arbeite dann mit einem Klebestift oder kaufe im Bastelladen nicht abfärbendes Seidenpapier.
- Du kannst die Maiskörner auch auftupfen. Tauche dazu Wattestäbchen in gelbe, orange oder rote Farbe.
- Mit einem echten Maiskolben kann man auch malen: Male ihn rot, gelb, braun und orange an und rolle ihn auf einem Blatt Papier hin und her.

Schritt 2 und 3

Blätterschablonen

Material

- Baumblätter in verschiedenen Formen und Größen
- weißes Tonpapier
- Temperafarben in Braun, Rot, Gelb, Grün und Orange
- flache Styropor- oder Plastikschalen (z. B. aus der Gemüsetheke)
- Schwämmchen (in Quadrate geschnittene Schwämme)

Material für weitere Vorschläge

- Holz, Fliesen, Kacheln

Los geht's!

1. Lege ein Baumblatt auf das weiße Tonpapier.
2. Gib etwas Farbe auf die Verpackungsschale. Tauche den Schwamm in die Farbe.
3. Tupfe mit dem Schwamm den Rand des Blattes entlang.
4. Mache es mit weiteren Blättern ebenso. Wechsle auch die Farbe.

Schritt 2

Schritt 3

Weitere Vorschläge

- Du kannst die Farben ruhig mit dem Schwamm mischen. Die Blätter sehen dann echter aus.
- Mithilfe von Blätterschablonen kann man Holz, Fliesen, Kacheln und sogar Fenster dekorieren.
- Mache einen Herbstspaziergang und bestimme so viele verschiedene Blätter wie möglich. Welche Blätter verändern im Herbst ihre Farbe? Versuche, ein heruntergefallenes Blatt von jeder Baumart zu finden, und lege eine Blättersammlung an.
- Ordne zusammen mit Freunden die Blätter deiner Sammlung nach Farbe, Form, Größe, Oberflächenstruktur oder Blattadern.

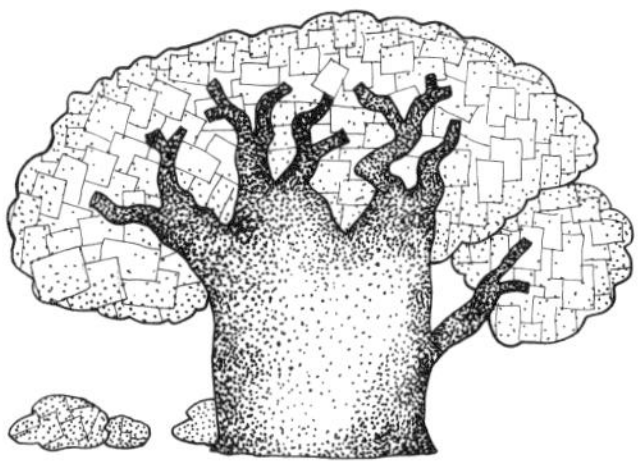

Bäume in Schwammtechnik

Material

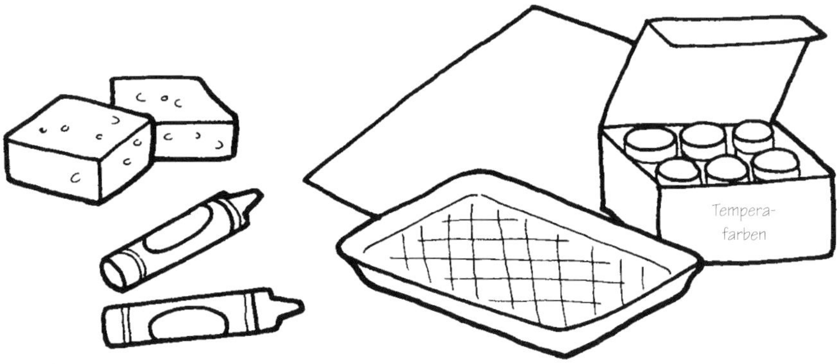

- braune Wachsmalkreide
- weißes Tonpapier
- Schwämmchen (in Quadrate geschnittene Schwämme)
- Temperafarben in Braun, Gelb, Grün, Orange und Rot
- flache Styropor- oder Plastikschale (z. B. aus der Gemüsetheke)

Los geht's!

1. Zeichne mit der braunen Wachsmalkreide die Umrisse des Stammes und der Äste eines Baumes auf weißes Tonpapier.
2. Fülle die Farben in die Verpackungsschale.
3. Trage mit einem Schwämmchen braune Farbe auf den Baum auf und gestalte so den Stamm und die Äste.
4. Sobald die braune Farbe trocken ist, tupfst du mit den Schwämmchen Blätter in herbstlichen Farben auf. Vielleicht fallen gerade ein paar Blätter herunter und es liegen schon welche auf dem Boden.

Weitere Vorschläge

- Statt die Äste aufzutupfen, kannst du sie auch mit braunen Handabdrücken gestalten.
- Handabdrücke – teils mit geschlossenen Fingern, teils mit gespreizten Fingern – in verschiedenen Herbstfarben eignen sich als Blätter für große Bäume.
- Gestalte mit anderen Farben und weiteren Schwämmen eine Landschaft um den Baum.
- Zeige in einem Wandbild das Leben eines Laubbaums in den vier Jahreszeiten. Beginne mit einem kahlen Baum im Winter. Male Knospen und frische grüne Blätter für den Frühling. Im Sommer trägt der Baum Früchte, im Herbst sind die Blätter bunt und fallen herunter.
- Lest in der Klasse „Die Baum-Uhr" von Irmgard Lucht (Heinrich Ellermann Verlag 2000), „Was ist Was? Bäume" von H. Gilsenbach (Tessloff 2001) oder „Sehen. Staunen. Wissen. Bäume" von D. Burnie (Gerstenberg 2005). Diskutiert, wie sich ein Baum im Laufe der Zeit verändert.

Maisblätter-Puppe

Material

- sieben Maishüllblätter
- Bindfaden oder Garn
- Schere
- Papierhandtücher
- Eimer mit Wasser

Material für weitere Vorschläge

- wasserfester Stift
- Wolle
- Watte

Los geht's!

1. Weiche die Maishüllblätter in einem Eimer mit Wasser ein. Gieße das Wasser ab, aber halte die Hüllblätter mithilfe der nassen Papierhandtücher feucht.
2. Schneide von dem Garn oder Faden sechs etwa 10 cm lange Stücke ab.
3. Rolle ein Maishüllblatt zu einem festen Ball. Das ist der Kopf. Schichte fünf Hüllblätter übereinander und lege den Ball in die Mitte. Falte die fünf Blätter auf beiden Seiten zur Hälfte über den Ball. Binde den Ball mit einem Stück Faden ab, dabei entsteht der Hals.
4. Stelle nun die Arme her. Rolle dazu ein Maishüllblatt längs ein. Binde die beiden Enden mit Faden ab. Fädle die Arme durch die Mitte.
5. Binde die Figur unterhalb der Arme ab, das ergibt die Taille.
6. Schneide die überstehenden Maishüllblätter der Länge nach bis 2,5 cm unterhalb der Taille ein. Forme zwei Beine. Binde sie unten mit einem Faden ab.

Schritt 4

Weitere Vorschläge

- Male der Puppe mit wasserfestem Stift ein Gesicht. Klebe Wolle als Haare auf den Kopf.
- Du kannst die Maishüllblätter auch flechten oder zusammendrehen.
- Bastle ein Tier.
- Damit die Puppe voller aussieht, stopfe den Körper mit Watte aus.
- Eine solche Puppe kannst du auch aus dicker Wolle statt aus Maishüllblättern basteln.

Herbstlicher Stempelspaß

Material

- Herbstfrüchte und/oder -gemüse
- Messer
- verschiedene Farben
- flache Styropor- oder Plastikschale (z. B. aus der Gemüsetheke)
- weißes Tonpapier

Material für weitere Vorschläge

- Laminiergerät

Los geht's!

1. Fülle etwas Farbe in die Verpackungsschale. Schneide die Früchte/das Gemüse vorsichtig in große Stücke.
2. Tauche ein Obst- oder Gemüsestück in die Farbe.
3. Stemple damit auf das Tonpapier. Wiederhole dies mit anderen Obst- und Gemüsesorten und weiteren Farben.

Schritt 1

Weitere Vorschläge

- Schneide die Früchte und/oder das Gemüse in unterschiedliche Formen: viertele zum Beispiel einen Apfel oder schneide eine Möhre längs durch.
- Die Schale oder Haut vieler Früchte und Gemüse hat oft eine besondere Struktur. Stemple sowohl mit den Außenseiten der Früchte/des Gemüses als auch mit den Schnittseiten.
- Stemple verschiedene Bilder. Laminiere sie und mache Platzdeckchen daraus, die du verschenken kannst.

Schritt 3

Rubbelblätter

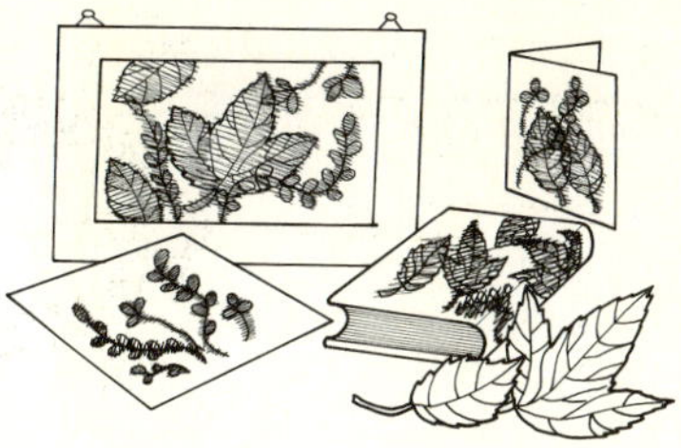

Material

- Baumblätter unterschiedlicher Form und Größe
- dünnes Papier (Schreibmaschinenpapier, Seidenpapier, Butterbrotpapier)
- Wachsmalkreiden

Material für weitere Vorschläge

- Tonpapier
- Münzen, Büroklammern, strukturierter Stoff o. Ä.

Los geht's

1. Lege ein Baumblatt mit der glatten Seite nach unten auf den Tisch.
2. Lege das Papier auf das Baumblatt.
3. Halte die Wachsmalkreide flach und reibe damit über das Papier, unter dem das Baumblatt liegt. Auf dem Papier wird das Abriebbild sichtbar.
4. Wiederhole das Vorgehen mit verschiedenen Blättern und unterschiedlichen Farben.

Schritt 2

Schritt 3

Weitere Vorschläge

- Schneide die Rubbelblätter aus, bohre Löcher hinein und hänge sie an einem Stock auf.
- Bastle einen Rahmen aus Tonpapier für dein Rubbelbild. Schmücke den Rahmen mit zusätzlichen Blättern.
- Auch andere Gegenstände eignen sich für diese Abriebtechnik – probiere es mit Münzen, geprägten Briefkarten, Büroklammern oder strukturiertem Stoff aus.
- Statt mit Wachsmalkreiden kannst du auch mit weichen Buntstiften arbeiten.
- Von welchen Bäumen stammen die Blätter? Beantworte die Frage z. B. mithilfe von „Naturführer für Kinder: Bäume bestimmen" von Jan Novak (Bertelsmann 2003).

Zapfentruthahn

Material:

- Kiefernzapfen
- verschiedenfarbiges Tonpapier
- Kleber
- kleine Styroporkugel
- Filzreste
- rote Pfeifenputzer (Chenilledraht)
- braune Farbe und Pinsel
- Schere

Material für weitere Vorschläge

- Federn
- rosa oder weiße Farbe und Pinsel
- Watte

Los geht's!

1. Male die Umrisse von Federn auf farbiges Tonpapier und schneide sie aus. Klebe die Papierfedern an den Zapfen.
2. Male die Styroporkugel an. Wenn die Farbe trocken ist, klebst du die Kugel als Kopf am dünneren Ende des Zapfens fest.
3. Schneide aus den Filzresten Augen aus und klebe sie auf. Schneide ein Stück Pfeifenputzer (Chenilledraht) ab und forme daraus einen Kehllappen, den du unten am Kopf befestigst.
4. Biege zwei längere Stücke Pfeifenputzer so, dass sie wie Truthahnbeine aussehen. Klebe sie an.

Schritt 1

Schritt 4

Weitere Vorschläge

- Kaufe im Bastelladen Federn und verwende sie anstelle der Federn aus Tonpapier.
- Zu Ostern kannst du Hasen aus den Zapfen basteln. Male sie rosa oder weiß an und befestige Ohren aus Papier. Als Schwanz dient eine Wattekugel.

Füllhörner

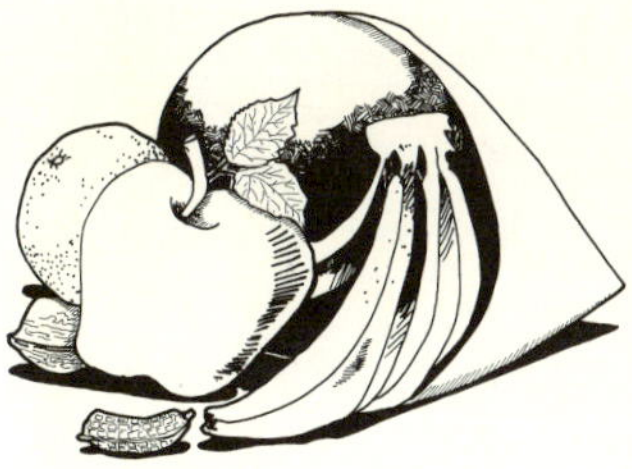

Material

- braunes Tonpapier, DIN A4 (reicht für vier Füllhörner)
- Schere
- Tacker
- kleine Früchte, Nüsse oder Bonbons (optional)

Material für weitere Vorschläge

- Dekorationsmaterial (z. B. Glitter, Sticker, Schleifen, Bänder)
- silber- oder goldfarbene Bastelfolie
- gelbes oder rotes Tonpapier
- Bindfaden

Los geht's

1. Schneide aus dem Tonpapier einen großen Kreis aus.
2. Teile den Kreis in vier gleich große Teile.
3. Forme aus jedem Viertel ein Hörnchen. Hefte die Enden mit einem Tacker zusammen, sodass sich die Hörnchen nicht mehr aufrollen können.
4. Fülle die Hörnchen mit kleinen Früchten, Nüssen oder Bonbons.

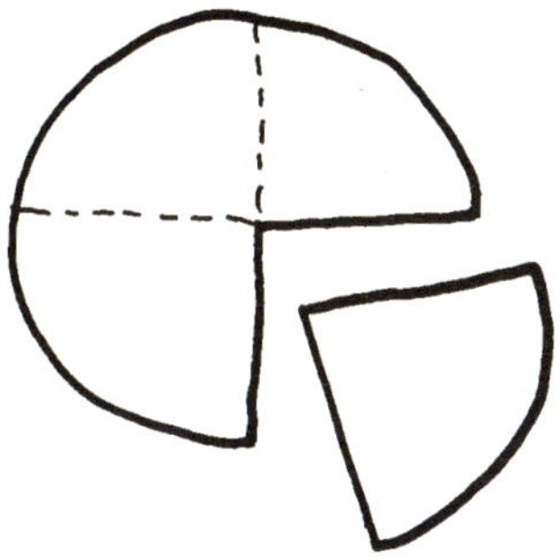

Schritt 2

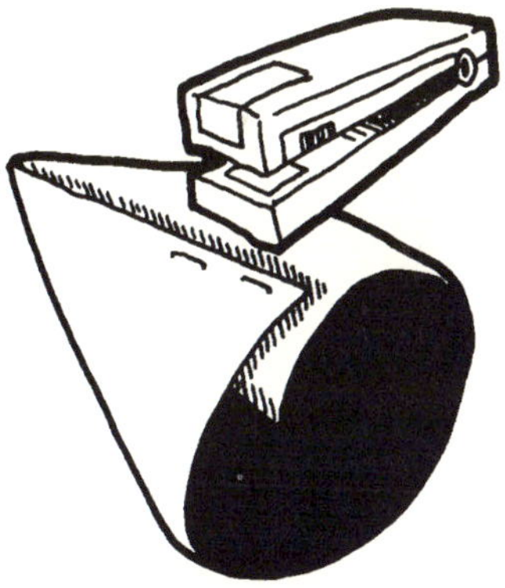

Schritt 3

Weitere Vorschläge

- Beschrifte die Füllhörner und verwende sie als Platzkarten. Schmücke sie mit Glitter, Stickern, Schleifen und Bändern. Fülle sie mit leckeren Kleinigkeiten.
- Stelle aus einem großen Stück Papier größere Füllhörner als Tischdekoration her. Fülle sie mit Früchten, Gemüse oder Nüssen und verschenke sie.
- Wenn du ein Loch in jede offene Seite der Hörnchen schneidest und eine Fadenschlinge daran befestigst, kannst du sie an den Weihnachtsbaum hängen. Verwende dann rotes oder gelbes Tonpapier und silber- oder goldfarbene Bastelfolie.

Verkleidete Äpfel

Material

- Apfel
- orangefarbenes Seidenpapier
- grünes Seidenpapier
- braune Wolle
- Kleber

Material für weitere Vorschläge

- schwarzer Filzstift
- Kürbisse in verschiedenen Formen

Los geht's!

1. Schneide ein großes Quadrat aus dem orangefarbenen Seidenpapier aus. Lege den Apfel in die Mitte.
2. Wickle das Seidenpapier um den Apfel. Drehe das Papier über dem Stiel fest zusammen und schneide ab, was übersteht.
3. Schneide ein kleines Quadrat grünes Seidenpapier aus und stecke es über den Stiel.
4. Wickle die Wolle um den Stiel. Ziehe die Wolle nach ein paar Umwicklungen nach unten um den Apfel herum. Wickle die Wolle wieder ein paar Mal um den Stiel und lege sie versetzt wieder um den Apfel, bis dieser aussieht wie ein Kürbis.
5. Klebe das Ende des Wollfadens auf der Apfelunterseite fest.

Schritt 3

Schritt 4

Weitere Vorschläge

- Male mit einem Filzstift ein Halloween-Gesicht auf.
- Stelle zur Abwechslung auch Kürbislaternen aus Flaschenkürbissen her, indem du diese vorsichtig aushöhlst.
- Zusammen mit einem echten Kürbis oder einer Kürbislaterne bilden deine verkleideten Äpfel eine tolle Tischdekoration.

Bonbonkörbchen

Material

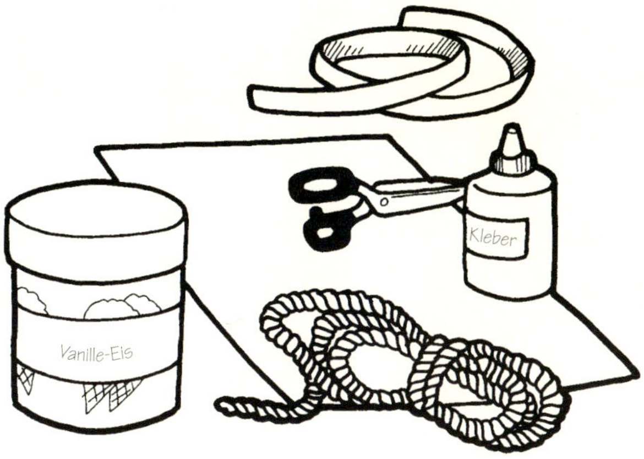

- großer runder Eisbehälter aus Karton, Inhalt mindestens 500 ml
- orangefarbenes Tonpapier, DIN A 4
- schwarze Filzreste
- Schere
- Kleber
- Schnur oder Kordel

Material für weitere Vorschläge

- Dekorationsmaterial (z. B. Blumen, Windrädchen, Maispuppen o. Ä.)

Los geht's!

1. Säubere den Eisbehälter und lass ihn trocknen.
2. Lege das Tonpapier um den Becher. Schneide das überstehende Papier ab. Klebe das Tonpapier fest.
3. Schneide aus dem schwarzen Filz Augen, Nase und Mund eines Halloween-Gesichtes aus und klebe sie auf.
4. Bohre am oberen Rand des Eisbechers zwei gegenüberliegende Löcher. Ziehe die Enden der Schnur/Kordel durch die Löcher und verknote sie. Das ergibt den Henkel.

Schritt 3

Schritt 4

Weitere Vorschläge

- Gib deiner Kürbislaterne zwei Gesichter, ein fröhliches auf der einen Seite und ein furchterregendes auf der anderen.
- Du kannst dein Körbchen auch passend zu deinem Kostüm gestalten. Zur Elefantenmaske von Seite 20 passt ein Elefantenkörbchen mit Rüssel, Schwanz und Elefantenfüßen.
- Im Frühling bastelst du Körbchen für Blumen. Als Tischdekoration kannst du die Körbchen mit Blumen, Windrädchen, Maispuppen oder anderen Dingen, die zur Jahreszeit oder zum Fest passen, füllen.

Tüten-Eule

Material:

- braune Papiertüte
- Filzstifte
- Zeitungspapierschnipsel
- Tacker

Material für weitere Vorschläge

- (farbige) Federn
- Zweig

Los geht's!

1. Male außen auf die Tüte Gesicht und Körper einer Eule. Der Boden der Tüte zeigt dabei nach oben.
2. Male verschiedenfarbige Federn auf die Tüte.
3. Fülle die Eule mit Zeitungspapierschnipseln.
4. Klammere die Tüte unten zu.

Schritt 1 und 2

Weitere Vorschläge

- Dekoriere die Eule mit farbigen Federn.
- Klebe einen Zweig unten an die Tüte, auf dem die Eule sitzt.
- Klebe deiner Eule Flügel an. Wenn du eine kleine Eule bastelst und sie unten offen lässt, kannst du die Hand in die Tüte stecken und die Eule mit den Flügeln wackeln lassen.
- Bastle mehrere Eulen und stelle sie an Halloween aufs Fensterbrett.
- Informiere dich über Eulen: „Sehen. Staunen. Wissen. Greifvögel und Eulen. Jäger der Lüfte“ von Jemima Parry-Jones und Frank Greenaway (Gerstenberg 2003) oder „Ensslins kleine Naturführer. Greifvögel beobachten und bestimmen“ von Jean-François Terrasse (Ensslin im Arena Verlag 2003).

Schritt 4

Spinnen im Netz

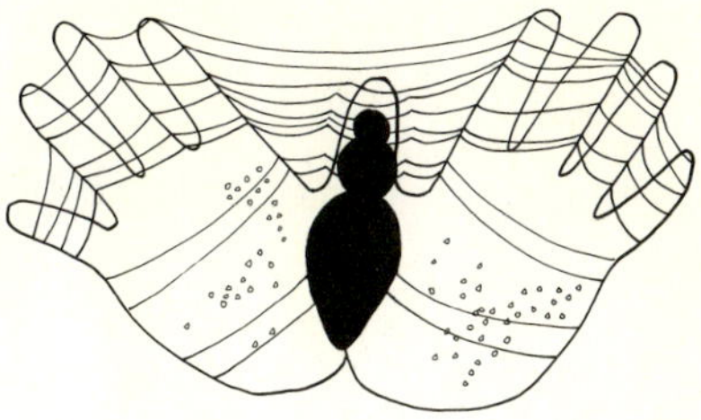

Material

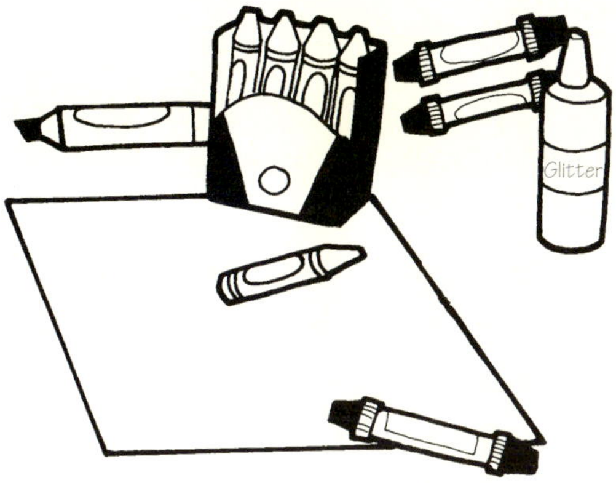

- weißes Tonpapier
- Filzstifte oder Wachsmalkreiden in verschiedenen Farben
- Dekorationsmaterial wie Pailletten und Glitter (optional)
- Bindfaden oder Garn

Los geht's!

1. Lege deine Hände mit den Daumen aneinander auf das Papier.
2. Bitte einen Partner, deine Hände mit einem Stift zu umranden. Die beiden Daumen bilden zusammen den Körper der Spinne, die restlichen Finger stellen die acht Spinnenbeine dar.
3. Male die Spinne an und schmücke sie.
4. Gestalte mit den Fäden Spinnennetze.

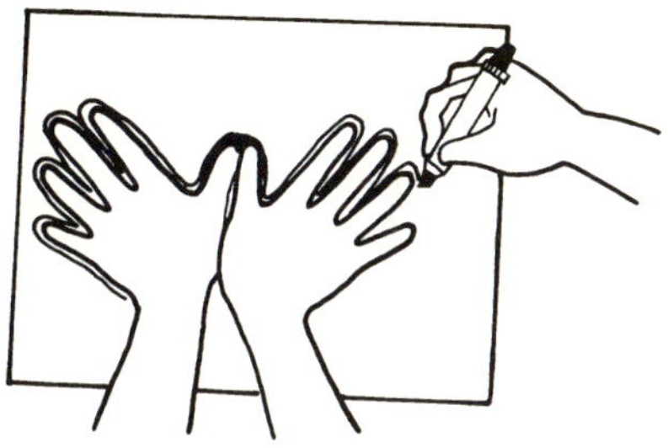

Schritt 2

Weitere Vorschläge

- Bastle mehrere Spinnen und hänge sie auf – in den Zimmerecken an der Decke oder in den Fensterecken.
- Lies „Die kleine Spinne spinnt und schweigt“ von Eric Carle (Gerstenberg 1995).
- Überlege dir, was einer Spinne im Regen passieren könnte. Male Bilder dazu und spiele deine Geschichte mit deinen Freunden.

Elefantenmaske

Material

- saubere Waschmittelflasche, ca. 4,5 l Inhalt
- schwarze Wachsmalkreide
- Schere
- graue Farbe (kann aus schwarzer und weißer Farbe gemischt werden)
- Pinsel
- Gummiband
- graues Tonpapier
- Tacker

Material für weitere Vorschläge

- graue Hose, graues Oberteil
- graue Wolle
- Sicherheitsnadel
- silberne Farbe
- leeres Trinkpäckchen mit Strohhalm

Los geht's!

1. Schneide die Waschmittelflasche von oben nach unten durch.
2. Halte die eine Hälfte vor dein Gesicht. Der Griff wird zum Rüssel und sollte deine Nase bedecken. Markiere mit der schwarzen Wachsmalkreide die Augen. Schneide die Augen vorsichtig aus. Achte darauf, dass du gut durch die Löcher sehen kannst.
3. Male die Maske grau an und lass sie trocknen.
4. Bohre mit der Schere vorsichtig je ein Loch in die Mitte jeder Seite. Befestige ein Gummiband in den Löchern. Das Gummi soll die Maske vor deinem Gesicht halten, ohne dass sie zu eng sitzt.
5. Schneide aus dem grauen Tonpapier zwei Elefantenohren aus und hefte sie mit dem Tacker an die Seiten der Maske.

Weitere Vorschläge

- Wenn du dich als Elefant verkleiden willst, dann ziehe eine graue Hose und ein graues Oberteil an. Flechte für den Schwanz einen Zopf aus grauer Wolle und befestige ihn mit einer Sicherheitsnadel hinten an deiner Hose.
- Bastle aus der anderen Hälfte der Waschmittelflasche eine weitere Maske. Wie könnte das Gesicht aussehen? Wenn du Astronaut oder Außerirdischer werden willst, kannst du die Maske silbern anmalen. Ein silbern bemaltes, leeres Trinkpäckchen mit Strohhalm ergibt das Funkgerät.

Venezianische Maske

Material

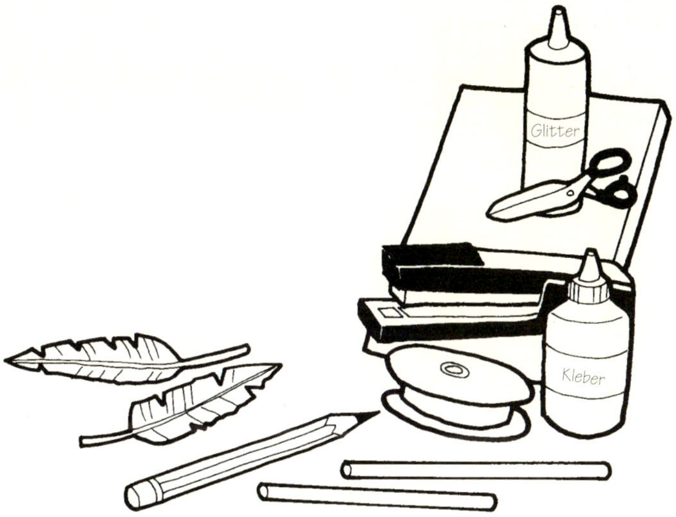

- fester Karton
- Bleistift
- Schere
- Dekorationsmaterial (z. B. Federn, Wolle, Glitter, Pailletten, Zackenlitze)
- Kleber
- Trinkhalm aus Kunststoff
- Tacker

Material für weitere Vorschläge

- Gummiband

Los geht's!

1. Zeichne eine große liegende Acht auf den Karton.
2. Schneide die Acht so aus, dass die beiden „Ohren" in der Mitte zusammenbleiben.
3. Schneide zwei Löcher für die Augen jeweils in die Mitte jedes Ohres.
4. Schmücke die Maske nach deinen Vorstellungen.
5. Hefte den Strohhalm mithilfe des Tackers an eine Seite der Maske.

Schritt 2

Schritt 5

Weitere Vorschläge

- Wenn du die Maske nicht am Trinkhalm festhalten willst, befestige ein Gummiband an beiden Seiten.
- Lerne ein paar Zauberkunststücke. Trage die Maske, wenn du sie deiner Familie oder deinen Freunden vorführst.

Halloweenkranz

Material

- Ring aus festem Karton, Durchmesser ca. 20 cm
- orangefarbene Wolle
- Schere
- Reste von schwarzem Tonpapier
- Klebeband

Material für weitere Vorschläge

- Holzspatel
- Wolle in unterschiedlichen Herbstfarben

Los geht's!

1. Wickle die Wolle einmal um den Ring und sichere das Ende mit einem Knoten.
2. Wickle die Wolle weiter um den Ring, bis dieser vollständig bedeckt ist.
3. Schneide die Wolle ab und verknote das lose Ende. Den überstehenden Rest schneidest du auch ab.
4. Schneide aus den Tonpapierresten Augen, Nase und Mund aus.
5. Befestige an jedem dieser Teile ein Stück Wolle. Klebe die losen Enden der Wollfäden mit Klebeband so am Ring fest, dass Augen, Nase und Mund im Loch des Kranzes hängen.

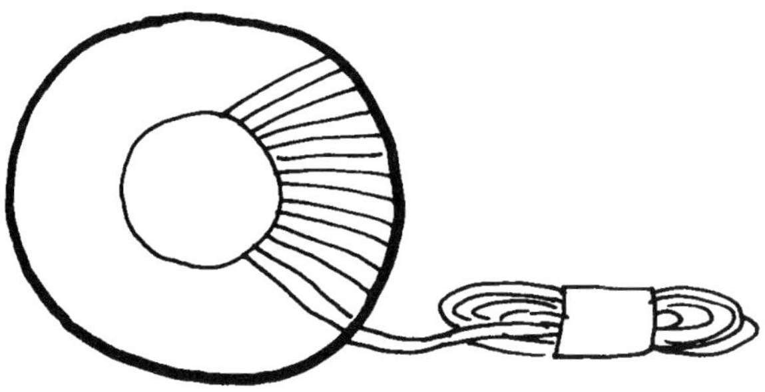

Schritt 2

Schritt 4 und 5

Weitere Vorschläge

- Du kannst die Wolle leichter um den Pappring wickeln, indem du einen Holzspatel benutzt, auf den du vorher die Wolle gewickelt hast. Der Holzspatel passt besser durch das Loch als ein Wollknäuel.
- Schneide von verschiedenfarbiger Wolle unterschiedlich lange Stücke ab. Knote die Fäden aneinander und umwickle den Kranz mit dem entstandenen bunten Faden. Schmücke deinen Herbstkranz mit Blättern und Früchten. Du kannst auch die Rubbelblätter von Seite 13 verwenden.

Vogelfutterhäuschen

Material

- kleiner Milchkarton, sorgfältig auswaschen und trocknen lassen
- Schere
- Farbe
- Pinsel
- Bindfaden oder Draht
- Vogelfutter

Los geht's!

1. Schneide entlang der beiden langen Seiten des Milchkartons den größten Teil der Seitenfläche weg. Schneide auch die kurze obere Kante weg.
2. Male den Milchkarton an und lass ihn trocken.
3. Bohre oben in das Dach des Häuschens ein Loch und befestige ein Stück Bindfaden oder Draht.
4. Fülle den Boden des Futterhäuschens mit Vogelfutter. Hänge das Häuschen in einen Baum.

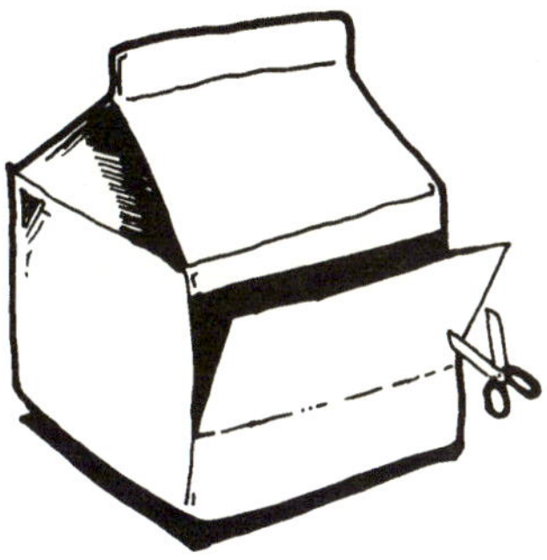
Schritt 1

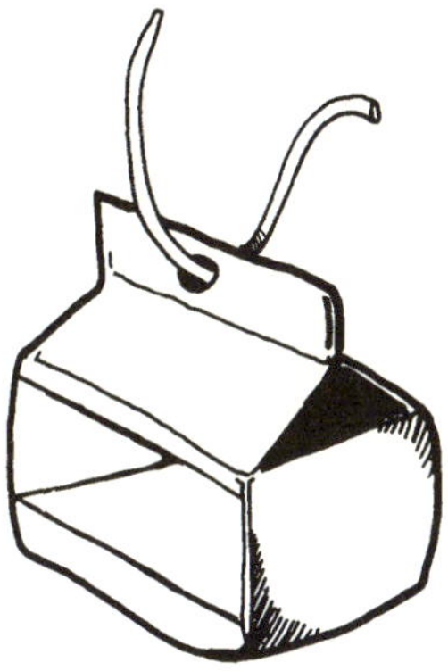
Schritt 3

Weitere Vorschläge

- Beobachte die Vögel, die das Futterhaus besuchen. Kennst du ihre Namen? Wenn du eine Vogelart nicht kennst, informiere dich in einem Vogelbuch.

Schneeflocken

Material

- Plastikkörbchen aus Kunststoff (siehe Abbildung)
- Schere
- Wachspapier
- Kleber
- Glitter

Material für weitere Vorschläge

- weißes Papier
- schwarze Farbe und Pinsel
- schwarzes Tonpapier

Los geht's!

1. Schneide aus dem Boden des Körbchens eine Scheibe.
2. Lege sie auf ein Stück Wachspapier.
3. Bedecke die Scheibe mit Kleber. Verteile Glitter darüber.
4. Lass den Kleber trocknen. Schüttle vorsichtig den losen Glitter über dem Wachspapier ab und hebe die Reste für andere Basteleien auf.

Schritt 1

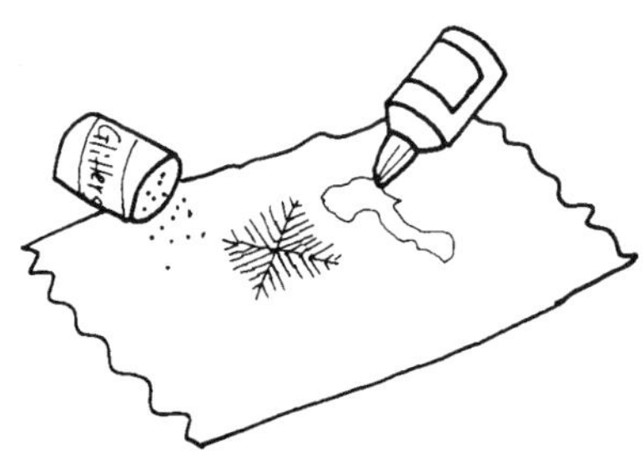

Schritt 3

Weitere Vorschläge

- Du kannst die Schneeflocken auch zum Drucken verwenden. Tauche sie in Farbe und drücke sie wie einen Stempel auf Papier. Es gibt Körbchen mit unterschiedlichen Strukturen. Du bekommst also eine Sammlung verschiedenartiger Schneeflocken, wenn du mehrere Körbchen zur Verfügung hast.
- Benutze die Schneeflocken als Schablone. Lege zwei oder drei auf ein weißes Papier und male mit schwarzer Farbe darüber. Lass die Farbe trocknen. Wenn du die Schablonen abnimmst, zeichnen sich die Schneeflocken weiß auf schwarzem Grund ab und wirken wie Schneegestöber in der Nacht.
- Wenn es schneit, friere ein Stück schwarzes Tonpapier ein. Trage es nach draußen und fange Schneeflocken auf. Schaue sie dir unter einer Lupe an – keine Schneeflocke gleicht der anderen.

Eis-Skulpturen

Material

- Gefrierschrank, Gefriertruhe oder Gefrierfach
- Wasser
- Lebensmittelfarben
- unterschiedliche Behälter (z. B. Flaschenverschlüsse, Tassen, Plastiktüten, Gummihandschuhe, quadratische oder runde Kunststoffdosen)
- Gummibänder
- Schraubenzieher

Material für weitere Vorschläge

- Eiswürfel

Schritt 2

Los geht's!

1. Fülle die Behälter mit Wasser. Füge Lebensmittelfarben hinzu, um das Wasser unterschiedlich zu färben.
2. Stelle die Behälter über Nacht (oder bis das Wasser gefroren ist) in den Gefrierschrank.
3. Lass warmes Wasser über die Behälter laufen, damit sich das Eis besser löst.
4. Jetzt kannst du deiner Fantasie freien Lauf lassen: Bearbeite die Eisstücke vorsichtig mit einem Schraubenzieher. Verbinde Eisblöcke mit Gummibändern.

Schritt 4

Weitere Vorschläge

- Normale Eiswürfel eignen sich als „Ziegelsteine“. Veranstaltet einen Eiswürfelstapelwettbewerb.
- Du kannst auch Eiszapfen schnitzen.

Seifen-Schneemann

Material

- eine Tasse weiße Seifenflocken, 250 ml
- zwei Esslöffel Wasser, 30 ml
- Schüssel
- Gewürznelken
- Zahnstocher

Material für weitere Vorschläge

- Tonpapier
- Stoffreste

Los geht's!

1. Miss die Menge Seifenflocken ab und schütte sie in eine Schüssel. Vermische Wasser und Seifenflocken mit der Hand.
2. Forme aus der Seifenmasse zwei Kugeln, eine große und eine kleine.
3. Verbinde die Seifenkugeln, wenn sie fest geworden sind, mit einem Zahnstocher.
4. Stecke für Augen und Mund Gewürznelken in den kleineren Ball.
5. Stecke einige Gewürznelken als Knöpfe in den großen Seifenball.

Schritt 2

Schritt 3

Weitere Vorschläge

- Nimm die doppelte Menge Seifenflocken und Wasser, um einen größeren Schneemann herzustellen.
- Stelle aus Tonpapier oder Stoffresten Kleidung für den Schneemann her, z. B. Hut, Schal und Handschuhe.

Einfacher dreidimensionaler Stern

Material

- gelbes Tonpapier
- Bleistift
- Schere
- Lochzange
- Faden

Material für weitere Vorschläge

- Glitter
- Alufolie

Los geht's!

1. Zeichne zwei identische Sterne und schneide sie aus.
2. Schneide den einen Stern von oben bis zur Mitte ein, den anderen von unten bis zur Mitte.

Schritt 2

3. Stecke die Sterne an den Schlitzen ineinander.
4. Mache mit der Lochzange ein kleines Loch in die Spitze eines Sterns und hänge ihn an einem Faden an der Decke auf.

Schritt 3

Weitere Vorschläge

- Schmücke den Stern mit Glitter.
- Schneide die beiden Sterne aus Karton aus. Beklebe sie mit Alufolie, bevor du sie ineinander steckst. Das ergibt eine funkelnde Weihnachtsbaumspitze.
- Du kannst auch andere dreidimensionale Objekte herstellen, z. B. Kugeln, Weihnachtsbäume, Herzen oder Eier.
- Bastle mehrere unterschiedlich große Sterne und hänge sie an der Zimmerdecke auf.

Textile Weihnachtsbaumkugel

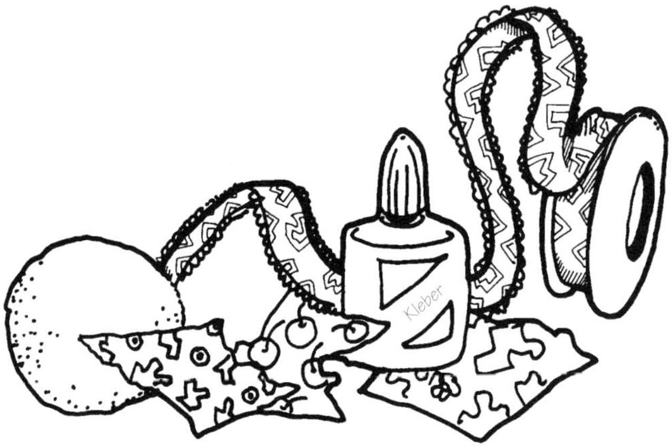

Material

- klein geschnittene Stoffreste
- Styropor-Kugel
- Textilkleber
- Band

Material für weitere Vorschläge

- Styropor-Ei

Los geht's!

1. Lege ein kleines Stück Stoff auf die Styropor-Kugel und klebe es fest.
2. Befestige weitere Stoffstücke, bis die Kugel vollständig bedeckt ist.
3. Bilde aus einem Stück Band eine Schlaufe und klebe sie an die Kugel. Lass den Kleber trocknen. Hänge die Kugel an der Schlaufe auf.

Schritt 1

Schritt 3

Weitere Vorschläge

- Binde aus einem der Stoffe eine Schleife und klebe sie unter die Aufhängeschlaufe.
- Aus einem Styropor-Ei und Stoffresten in Frühlingsfarben oder mit Frühlingsmotiven kannst du ein Osterei basteln.
- Stelle mehrere Kugeln mit verschiedenfarbigen und unterschiedlich gemusterten Stoffen her. Befestige sie mit unterschiedlich langen Fäden an einem Drahtkleiderbügel. Das Mobile kannst du an der Zimmerdecke aufhängen.

Rentier aus Holzspateln

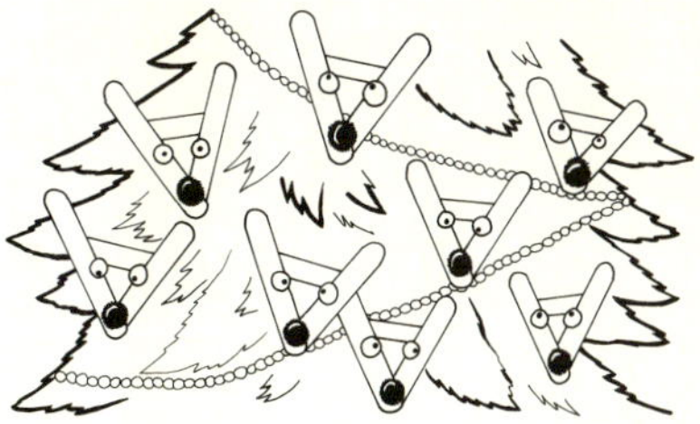

Material

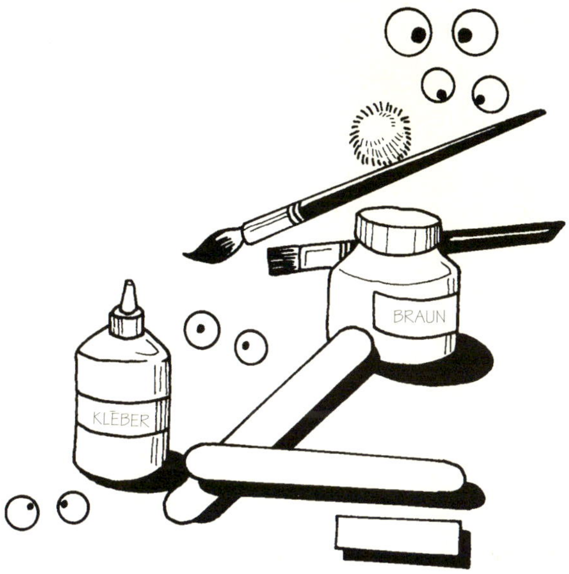

- zwei ganze und ein halber Holzspatel
- braune Farbe
- Pinsel
- kleiner roter Pompon
- zwei Wackelaugen aus Kunststoff
- Kleber

Material für weitere Vorschläge

- dünne Zweige
- braune Wolle
- braunes Tonpapier oder braune Papiertüte

Los geht's!

1. Male die Holzspatel braun an.
2. Klebe die beiden ganzen Holzspatel v-förmig zusammen.
3. Klebe den halben Holzspatel so auf die beiden anderen, dass ein auf dem Kopf stehendes A entsteht.
4. Klebe die Wackelaugen und den Pompon für die Nase auf.

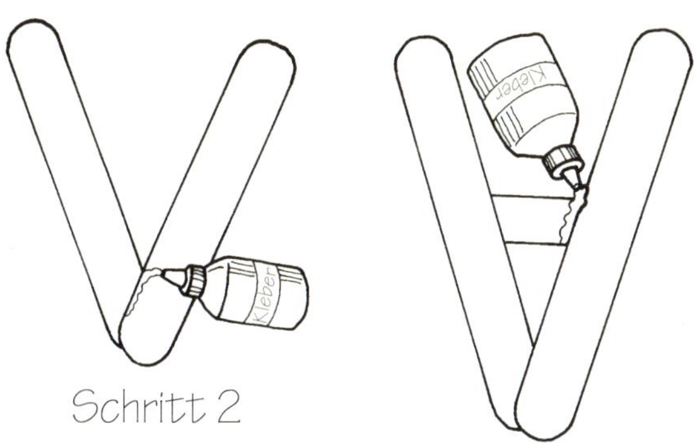

Schritt 2
Schritt 3

Weitere Vorschläge

- Verwende für das Rentiergeweih statt der Holzspatel dünne Zweige.
- Wenn du dein Rentier aufhängen willst, befestige ein Stück braune Wolle am quer liegenden halben Holzspatel und binde oben eine Schleife.
- Wenn du deinem Rentier einen Körper geben möchtest, schneide ein Oval mit zwei kurzen Beinen (eines vorne, eines hinten) aus einer braunen Papiertüte oder braunem Tonpapier aus und klebe den Kopf darauf fest.

Mini-Weihnachtsbaum

Material

- Zeitungspapier
- Kiefernzapfen
- grünes Farbspray
- Flüssigkleber
- Glitter

Material für weitere Vorschläge

- Locher
- farbiges Papier
- Popcorn
- Bindfaden
- goldenes Farbspray
- Heißkleber

Los geht's!

1. Bedecke deine Arbeitsfläche in einem gut belüfteten Raum mit Zeitungspapier. Lege den Kiefernzapfen auf die Zeitung. Besprühe den Zapfen vollständig mit grüner Farbe.
2. Wenn die Farbe trocken ist, tropfe Kleber auf den Zapfen.
3. Verteile Glitter auf dem feuchten Kleber. Lass den Kleber trocknen.

Schritt 1

Schritt 2 und 3

Weitere Vorschläge

- Stelle mit dem Locher farbiges Konfetti her und klebe es als Schmuck auf. Du kannst auch Popcorn auf einen Faden fädeln und diesen um deinen Baum winden.
- Bastle einen kleinen dreidimensionalen Stern (siehe Seite 27) und schmücke die Spitze deines Weihnachtsbäumchens damit.
- Sammle zwanzig oder mehr Zapfen. Besprühe einen Zapfen mit goldenem Farbspray. Die übrigen Zapfen besprühst du mit grüner Farbe. Um daraus einen größeren Weihnachtsbaum herzustellen, klebst du die grünen Zapfen mit Heißkleber zu einem Kegel zusammen. Der goldfarbene Zapfen bildet die Spitze.

Geschenkpapier

Material

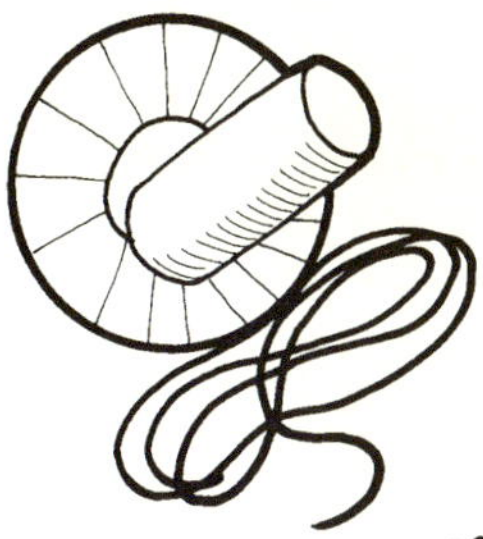

- leere Toilettenpapierrollen, für jede Farbe eine
- Schnur
- Schere
- Klebeband
- rote und grüne Farbe
- andere Farben (optional)
- Teller oder flache Styropor- oder Plastikschale (z. B. aus der Gemüsetheke)
- große unbedruckte Einkaufstüte aus Papier oder Packpapier

Material für weitere Vorschläge

- Farbroller

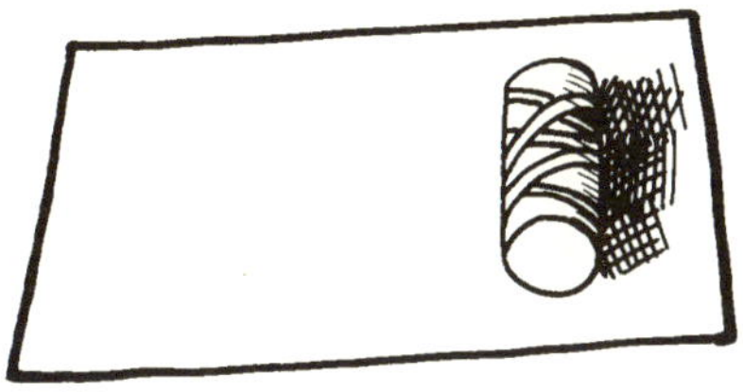

Schritt 4

Los geht's!

1. Schneide aus der Einkaufstüte ein großes rechteckiges Stück heraus oder ein Stück Packpapier ab.
2. Schneide zwei Stücke Schnur ab und wickle jeweils eines kreuz und quer um eine leere Toilettenpapierrolle. Befestige die Enden der Schnur mit Klebeband in der Rolle.
3. Gib rote und grüne Farbe jeweils auf einen Teller bzw. in eine Verpackungsschale. Rolle eine umwickelte Toilettenpapierrolle in der Farbe.
4. Rolle die eingefärbte Toilettenpapierrolle über das große Stück Papier. Mache es mit der zweiten Farbe genauso.
5. Lass die Farbe trocknen. Wenn du möchtest, kannst du auf diese Weise noch Muster in weiteren Farben ergänzen.
6. Nachdem alle Farben getrocknet sind, kannst du mit dem Papier Geschenke für Freunde oder Familienmitglieder einpacken.

Weitere Vorschläge

- Stelle passende Geschenkanhänger her. Wickle die gefärbte Schnur von den Toilettenpapierrollen ab. Schneide Stücke in passender Länge ab und befestige damit die Anhänger an den Geschenken.
- Trage die Farbe mit kleinen Farbrollern auf. Stelle auf diese Weise kariertes Geschenkpapier her.
- Ergänze das Schnurmuster durch Zeichnungen von Sternen, Bäumen, Kränzen, Weihnachtsmannmützen oder Ähnlichem.

Kranz aus Handabdrücken

Material

- grünes und rotes Tonpapier
- Pappteller
- Bleistift
- Schere
- Kleber
- Wolle oder Band

Material für weitere Vorschläge

- rote Krepppapierschleife
- rote Pompons

Los geht's!

1. Schneide den inneren Teil des Papptellers heraus, sodass ein Ring entsteht.
2. Lege deine Hand mehrmals auf das grüne Tonpapier, umfahre sie mit einem Bleistift und schneide den Umriss aus. Klebe die Tonpapierhände so auf den Ring, dass die Finger nach außen zeigen.
3. Schneide aus dem roten Tonpapier kleine Kreise aus, die Beeren darstellen. Klebe die Beeren auf die grünen Hände, wie es dir gefällt.
4. Bohre vorsichtig ein Loch in den Kranz und hänge ihn an einem Stück Wolle oder Band auf.

Schritt 2

Schritt 2 und 3

Weitere Vorschläge

- Stelle viele Tonpapierhände unterschiedlicher Größe her und klebe sie übereinander auf, sodass ein dreidimensionaler Effekt entsteht.
- Eine rote Krepppapierschleife macht sich gut.
- Statt der Tonpapierkreise kannst du Pompons als Beeren verwenden.
- Du kannst deine Hände auch in grüne Farbe tauchen, auf Papier drücken und die so entstandenen Abdrücke ausschneiden.

Weihnachtsmann-Fingerpuppen

Material

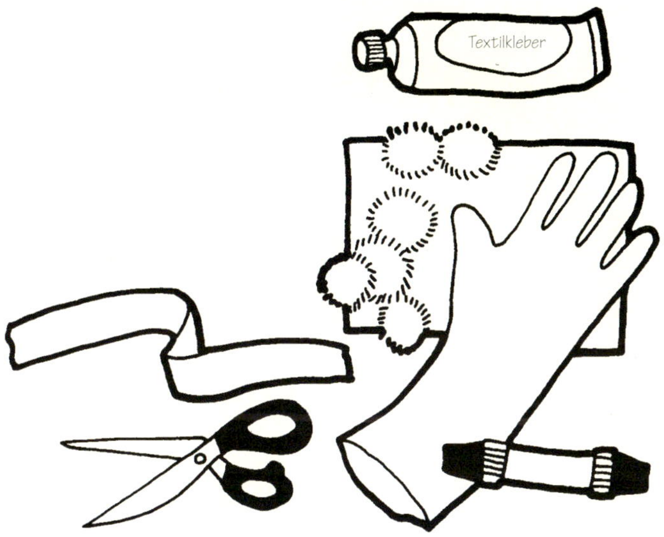

- Gummihandschuhe
- roter Filz
- Schere
- Textilkleber
- Watte
- schwarzer, wasserfester Filzstift

Material für weitere Vorschläge

- rotes Tonpapier

Los geht's!

1. Schneide die Finger der Gummihandschuhe ab. Für jede Fingerpuppe brauchst du einen Finger.
2. Schneide aus dem roten Filz Halbkreise aus und forme daraus Mützen.
3. Aus rechteckigen Filzstücken entstehen die Mäntel.
4. Forme aus Watte Bärte und Besätze für die Kleidung.
5. Klebe alles an den Gummifingern fest.
6. Mit einem wasserfesten schwarzen Filzstift malst du Gesichter auf.

Weitere Vorschläge

- Statt Filz kannst du auch rotes Tonpapier verwenden.
- Für ein Fingerpuppentheater kannst du weitere Figuren herstellen: z. B. Knecht Ruprecht, Weihnachtswichtel oder Kinder. Denk dir kleine Geschichten aus und spiele sie deinen Freunden vor.

Tütenlaterne

Material

- Frühstückstüte aus Papier mit breitem Boden
- Bleistift
- Lochzange
- Sand
- Teelicht oder Grablicht
- Streichhölzer oder Feuerzeug

Material für weitere Vorschläge

- Blechdosen
- Nagel
- Hammer

Los geht's!

1. Falte eine Papiertüte längs.
2. Zeichne einen halben Tannenbaum auf die Tüte. Markiere den Umriss mit Löchern (Lochzange) in gleichmäßigem Abstand.
3. Öffne die Tüte und fülle Sand bis in 2,5 cm Höhe ein.
4. Stelle das Tee- oder Grablicht in die Tüte und drücke es in den Sand.
5. Zünde die Kerze unter Aufsicht eines Erwachsenen vorsichtig an.

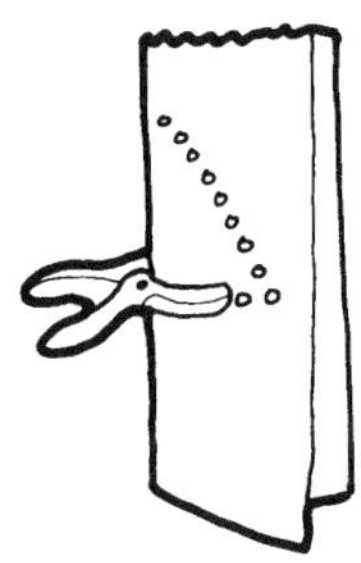

Schritt 2

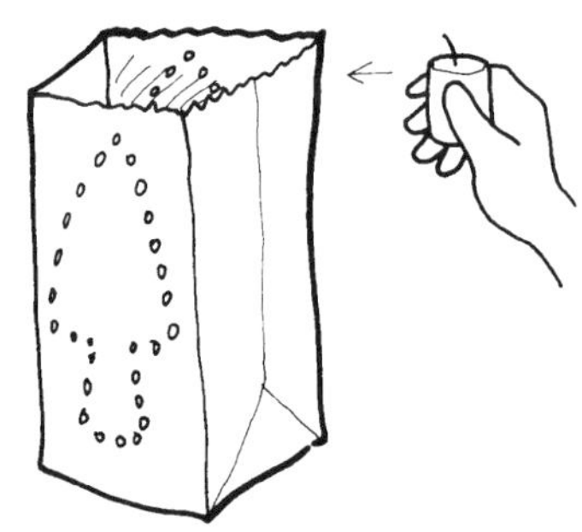

Schritt 4

Weitere Vorschläge

- Tütenlaternen machen sich hübsch als Wegbeleuchtung.
- Zur Abwechslung nimmst du gelbe Tüten, zeichnest einen Stern darauf und markierst dessen Umriss mit Löchern.
- Ähnliche Laternen kann man auch aus Blechdosen herstellen. Hämmere vorsichtig Löcher mit einem Nagel und stelle so ein von dir gewünschtes Muster her. Fülle anschließend Sand ein und stelle ein Tee- oder Grablicht in den Sand.

Duftapfel

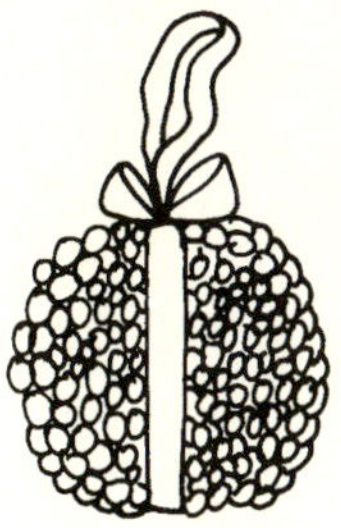

Material

- Apfel
- Gewürznelken
- gemahlener Zimt
- wiederverschließbare Plastiktüte (groß genug für den Apfel)
- Band oder dicke Wolle

Material für weitere Vorschläge

- Orangen oder Zitronen
- Stoff- oder Krepppapierstreifen
- Stecknadeln

Los geht's!

1. Fasse die Gewürznelken am dicken Ende und drücke die andere Seite in den Apfel.
2. Bedecke den Apfel vollständig mit Gewürznelken.
3. Schütte etwas gemahlenen Zimt in eine wieder verschließbare Plastiktüte. Lege den Apfel in die Tüte. Verschließe die Tüte und schüttele sie.
4. Hole den Apfel aus der Tüte. Binde zwei Stücke Band oder dicke Wolle um den Apfel, sodass sie sich unten überkreuzen. Knote oder binde sie oben zusammen. Befestige ein weiteres Stück Band oder Wolle und hänge den Apfel daran auf.

Weitere Vorschläge

- Lege den Duftapfel auf eine Ablage im Bad oder in der Toilette.
- Statt Äpfeln kannst du auch Orangen oder Zitronen verwenden.
- Befestige mit Stecknadeln farbige Stoff- oder Krepppapierstreifen unten an deinem Duftapfel.
- Stecke ein Muster oder Bild aus Gewürznelken in den Apfel, statt ihn vollständig zu bedecken.

Silvester-Krachmacher

Material

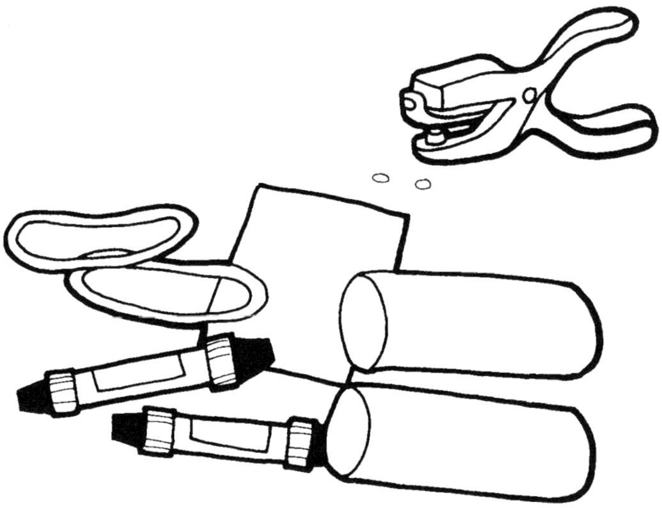

- leere Toilettenpapierrolle
- Lochzange
- Filzstifte
- Wachspapier
- Gummiband

Material für weitere Vorschläge

- Waschmitteltonne
- zwei Pappteller
- getrocknete Bohnen
- Silberspray
- Küchenpapier- oder Geschenkpapierrollen

Los geht's!

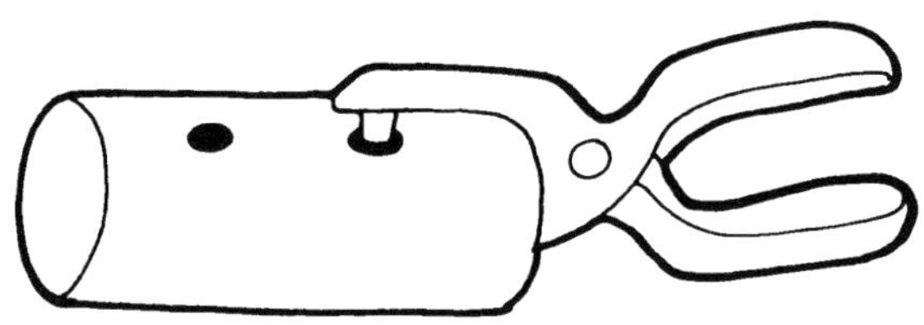

Schritt 1

1. Mache mit der Lochzange zwei Löcher in die Toilettenpapierrolle.
2. Bemale die Rolle mit Filzstiften.
3. Spanne ein Stück Wachspapier über das eine Ende der Rolle und fixiere es mit einem Gummiband.
4. Blase oder rufe in dein Instrument. Wenn du deine Hand auf das Wachspapier legst, verändert sich der Ton. Experimentiere!

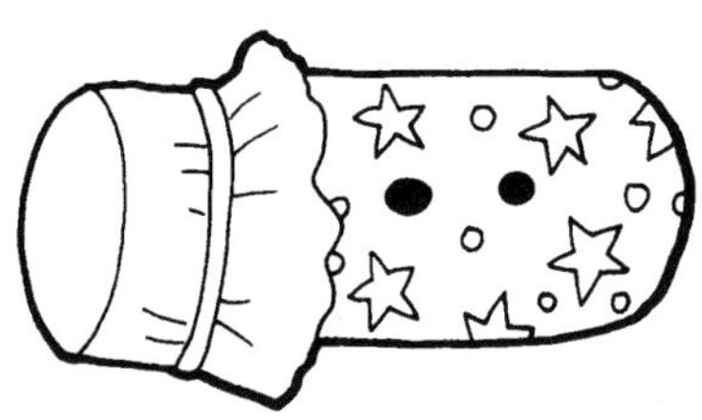

Schritt 3

Weitere Vorschläge

- Willst du eine Band gründen? Stelle weitere Musikinstrumente her. Aus einer Waschmitteltonne wird eine Trommel. Für ein Tamburin klammerst du zwei Pappteller zusammen und füllst den Hohlraum mit Bohnen.
- Dein Krachmacher sieht professioneller aus, wenn du ihn zuerst mit Silberspray besprühst. Lass die Farbe trocknen, bevor du das Wachspapier darüberspannst.
- Größere Krachmacher kannst du aus leeren Küchenpapier- oder Geschenkpapierrollen basteln. Die Löcher machst du dann am besten mit einer Schere. Vergleiche den Klang der unterschiedlich langen Krachmacher. Ändert sich etwas, wenn du zusätzliche Löcher hineinbohrst?

Knallbonbon

Material

- Karteikarte, DIN A6
- Bleistift oder Füller
- ein Stück Wollfaden, 30 cm lang
- leere Küchenrolle
- Geschenkpapier

Material für weitere Vorschläge

- kleine Süßigkeiten
- leere Toilettenpapierrolle

Los geht's!

1. Schreibe einen Spruch, einen Gruß oder eine Nachricht auf eine Karteikarte. Bohre vorsichtig ein Loch in die Karte und binde dort ein Stück Wolle fest.
2. Umwickle die leere Küchenrolle mit Geschenkpapier. Falte das eine Ende in die Rolle, die andere Seite bleibt offen.

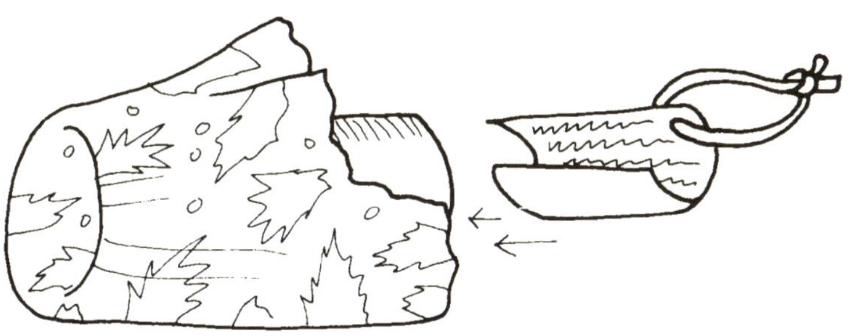

3. Rolle die Karte und schiebe sie in die Küchenrolle, das Ende des Wollfadens schaut heraus.
4. Gib das Knallbonbon einem Freund oder einem Familienmitglied. Bitte die Person, schnell am Faden zu ziehen, um die versteckte Nachricht hervorzuholen. Wenn die Karteilkarte aus der Rolle rutscht, gibt es einen Knall.

Weitere Vorschläge

- Fülle die Knallbonbons mit kleinen Süßigkeiten und drehe das überstehende Geschenkpapier auf beiden Seiten fest zusammen. Wenn jemand an den Enden zieht, zerreißt das Papier mit einem Knall.
- Bastle Knallbonbons nicht nur aus leeren Küchenrollen, sondern auch aus leeren Toilettenpapierrollen. Welche Knallbonbons knallen lauter?

Feuerwerkshut

Material

- Zeitungspapier (eine Seite)
- Tacker
- Tonpapierreste
- Schere
- Kleber

Material für weitere Vorschläge

- kleine Fähnchen
- Dekorationsmaterial (Luftschlangen, bunte Bänder, Krepppapierstreifen o. Ä.)

Los geht's!

1. Falte die Seite Zeitungspapier in der Mitte. Falte das Papier noch einmal zusammen und klappe es wieder ein Mal auseinander, so erhältst du eine Mittellinie.
2. Lege das gefaltete Blatt mit der offenen Seite nach unten vor dich hin. Knicke die beiden oberen Ecken zur Mittellinie.
3. Falte die Unterkante nach oben. Drehe den Hut um und knicke die zweite Unterkante ebenfalls nach oben.
4. Schneide die Ecken ab und öffne den Hut so, dass ein Viereck entsteht.
5. Falte aus dem Viereck ein Dreieck, indem du die offenen Seiten nach oben knickst. Es entsteht wieder ein Hut. Klammere die obere Spitze deines Hutes zusammen.
6. Schneide aus den Tonpapierresten Vulkane, Sonnen und Sterne aus. Klebe sie verteilt auf den Hut.

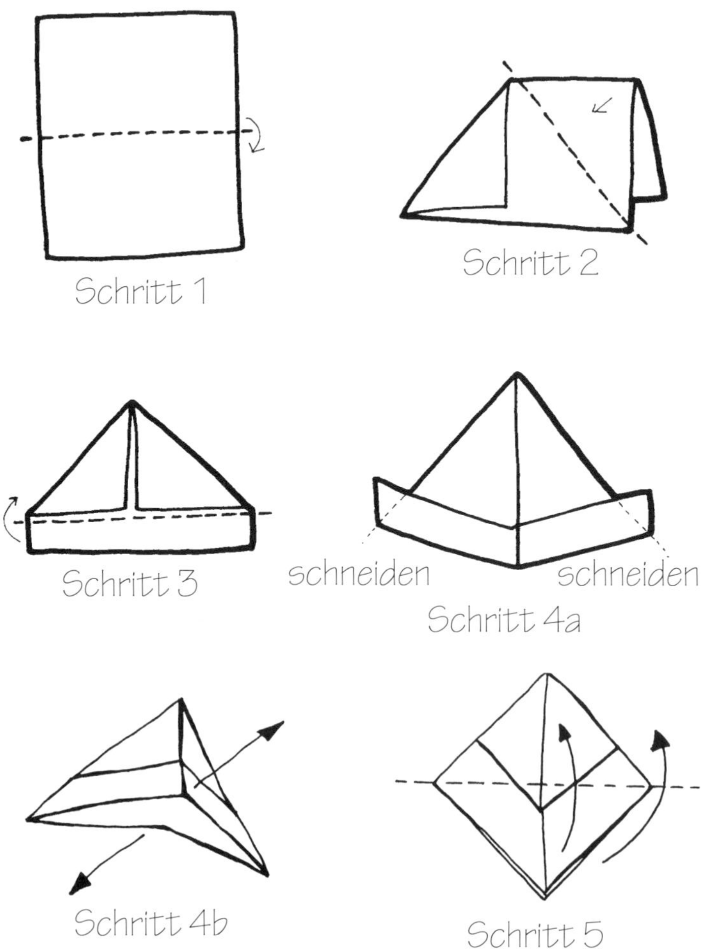

Weitere Vorschläge

- Schneide in die Spitze des Hutes ein kleines Loch und stecke ein Fähnchen hinein. Klebe Fähnchen auf den Hut.
- Klebe Luftschlangen, bunte Bänder oder Krepppapierstreifen hinten an den Hut.

Pop-up-Herz-Karte

Material

- Tonpapier, DIN A4 für die Karte
- rotes Tonpapier, DIN A5 für die Herzen
- Schere
- Kleber
- Filzstifte oder Wachsmalkreiden
- Bleistift oder Füller (optional)

Material für weitere Vorschläge

- Dekorationsmaterial (Glitter, Perlen, Spitze, Borte)
- Bindfaden

Los geht's!

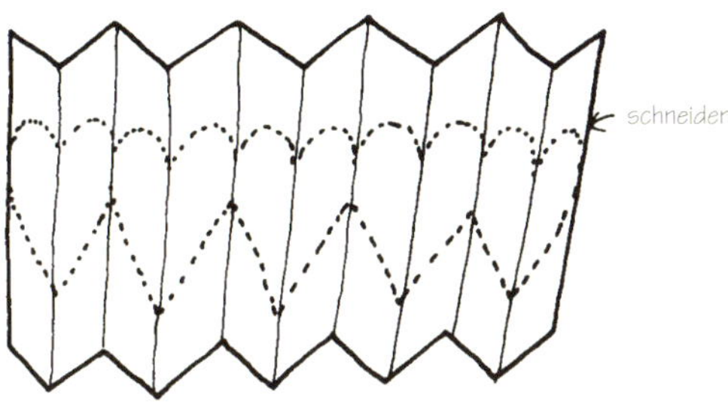

Schritt 1

1. Für die Herzen faltest du das rote Papier neunmal ziehharmonikaartig und schneidest ein halbes Herz aus. Achte darauf, dass die Herzen an beiden Seiten aneinanderhängen.
2. Falte das Papier für die Karte in der Mitte. Dekoriere die Außenseite mit Filzstiften oder Wachsmalkreiden.
3. Klebe die beiden äußeren Herzen links und rechts des Falzes in die Karte. Schließe die Karte erst, wenn der Kleber trocken ist. Vielleicht schreibst du noch eine Nachricht an jemanden, den du sehr magst, in die Karte.

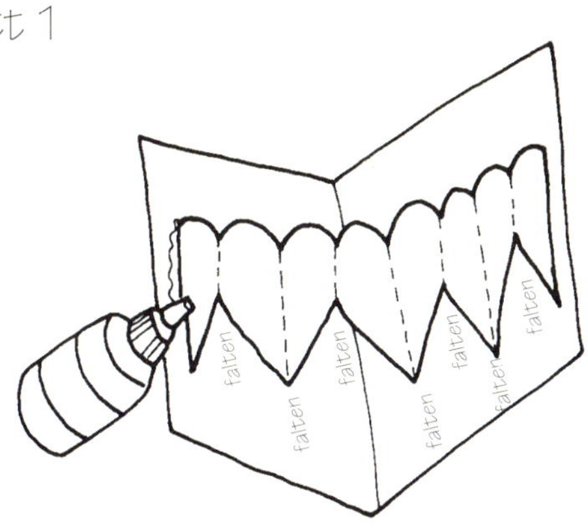

Schritt 3

Weitere Vorschläge

- Dekoriere die Außenseite der Karte mit Glitter, Perlen, Spitze oder Borte.
- Mache eine Kette aus unterschiedlich großen Herzen und hänge sie in deinem Zimmer auf. Schreibe auf jedes Herz den Namen eines Freundes.
- Aus ziehharmonikaartig gefaltetem Papier kannst du festliche Girlanden für verschiedene Gelegenheiten basteln, z. B. Eier oder Häschen für Ostern, Tannenbäumchen für Weihnachten und Kerzen für Geburtstage.

Herz-Tasche

Material

- sechs rechteckige Stücke Tonpapier, z. B. Rot und Rosa
- Schere
- Geschenkband
- Tacker
- Kleber

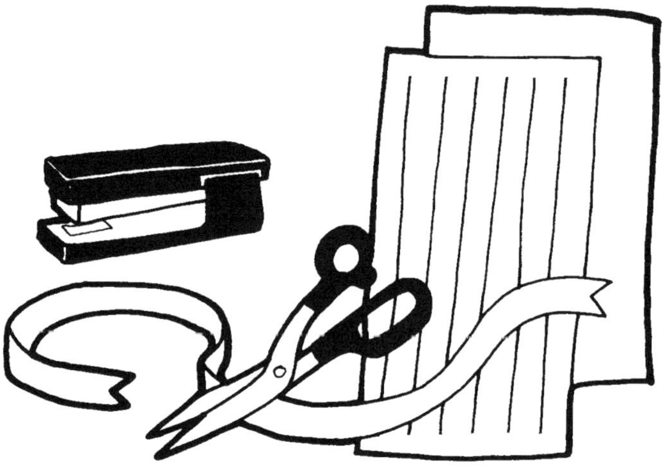

Material für weitere Vorschläge

- Süßigkeiten
- Stoff

Los geht's!

1. Falte beide Stücke Tonpapier jeweils mit den kurzen Seiten aufeinander.
2. Schneide jeweils Schlitze in gleichmäßigem Abstand durch die Falte, wobei du ein Papier auf einer kurzen Seite ganz aufschneidest.
3. Verwebe beide Stücke Papier ineinander, indem du die durch die Schnitte entstandenen Streifen des einen Papiers abwechselnd unter und über die Schlaufen des anderen Papiers herumführst.
4. Klebe das geflochtene Papier auf ein weiteres Stück Tonpapier und runde die Ecken so ab, dass eine Herzform entsteht.
5. Wenn du so ein weiteres Herz bastelst und mit dem anderen Herz am seitlichen Rand zusammenklammerst, erhältst du eine Tasche. Klammere einen Henkel aus Geschenkband an die oberen Enden des Herzens.

Schritt 2

Schritt 4 und 5

Weitere Vorschläge

- Fülle die Tasche mit Süßigkeiten oder lege einen Valentinsgruß hinein.
- Je mehr Schlitze du in die Tonpapierstücke schneidest, desto schwieriger wird es.
- Du kannst auch Stoff verwenden. Wenn du den Stoff auf Tonpapier aufklebst, wird das Ergebnis stabiler.

Bleistiftköpfe

Material

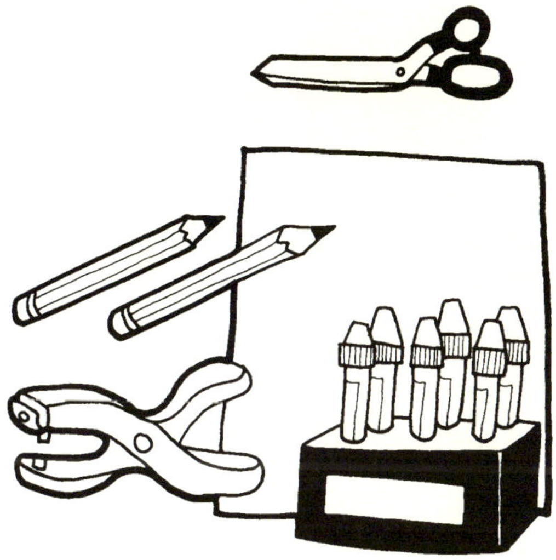

- Tonpapier
- Schere
- Blei- oder Farbstift
- Lochzange
- dicke Filzstifte

Material für weitere Vorschläge

- Dekorationsmaterial (z. B. Glitter, Bänder)
- Pfeifenputzer (Chenilledraht)

Los geht's!

1. Schneide ein Herz aus Tonpapier mit je einer rechteckigen Lasche rechts oben und links unten aus.
2. Stich Löcher in die Laschen. Achte darauf, dass sowohl die Laschen als auch die Löcher groß genug für den Stift sind.
3. Bemale das Herz mit Filzstiften.
4. Schiebe den Stift durch die Löcher in den Laschen, sodass sich das Herz am oberen Ende des Stiftes befindet.

Schritt 1

Weitere Vorschläge

- Wenn du den Bleistiftkopf verschenken möchtest, schreibe den Namen des Beschenkten in das Herz.
- Schmücke den Bleistiftkopf mit Glitter und Band.
- Einen anderen Bleistiftkopf kannst du aus einem Pfeifenputzer basteln. Wickle die Mitte des Pfeifenputzers um die Mitte des Stifts. Biege die Enden so, dass sie zusammen ein Herz bilden und wickle sie dann noch einmal um den Stift. Überstehende Reste schneidest du ab.

Valentin-Schachtel

Material

- leere Kosmetiktücherschachtel
- Geschenkpapier
- Herzen aus Tonpapier
- Kleber oder Klebestreifen

Material für weitere Vorschläge

- weißes Papier

Los geht's!

1. Beklebe die Schachtel auf dem Boden, an den Seiten und auf dem größten Teil der Oberseite mit Geschenkpapier.
2. Beklebe das restliche Oberteil mit Herzen, die Öffnung bleibt frei.
3. Lege Valentinskarten an deinen Freund oder an jemanden aus deiner Familie in die Schachtel.

Schritt 1

Weitere Vorschläge

- Beklebe die Schachtel mit einfarbigem Papier und schreibe ein Liebesgedicht oder Zitate zum Thema Liebe darauf.

Valentinskranz

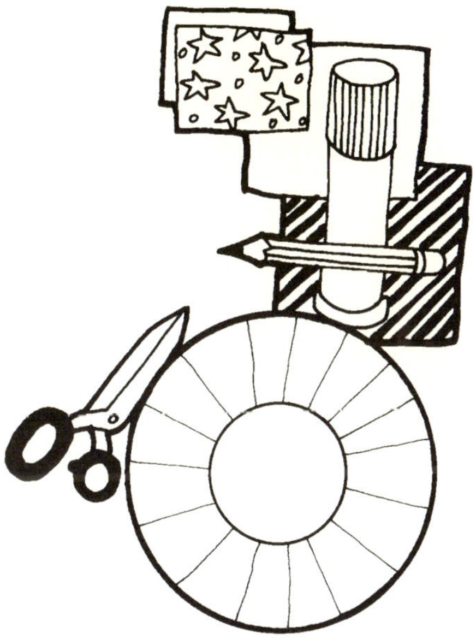

Material

- Pappteller
- stabiler Karton
- Schere
- Geschenkpapierreste
- Bleistift
- Klebestift

Material für weitere Vorschläge

- Watte
- Tapetenreste
- Tacker

Los geht's!

1. Schneide den mittleren Teil aus dem Pappteller, sodass ein Ring entsteht. Schneide Herzen in verschiedenen Größen aus dem stabilen Karton. Lege die Kartonherzen auf das Geschenkpapier und umfahre sie mit dem Bleistift. Schneide die Herzen aus.
2. Klebe die Geschenkpapierherzen mit dem Klebestift auf die Kartonherzen.
3. Befestige dann die beklebten Kartonherzen auf dem Ring.

Schritt 1

Schritt 3

Weitere Vorschläge

- Kissenförmige Herzen bekommst du, wenn du sie aus zwei Lagen Geschenkpapier oder Tapete ausschneidest, mit Watte füllst und an den Kanten zusammenklammerst.
- Bastle einen Valentinskranz als Dekoration für dein Zimmer. Wähle Farben, die zu deinem Zimmer passen.

Regenbogen-Windsack

Material

- Pappteller
- Schere
- Krepppapier in verschiedenen Farben
- Tacker
- Faden
- Lochzange

Material für weitere Vorschläge

- stabile Schnur

Los geht's!

1. Schneide den inneren Teil des Papptellers heraus, sodass ein Ring entsteht.
2. Schneide aus jeder Farbe einen Krepppapierstreifen aus. Die Streifen sollen unterschiedlich lang sein. Verwende diese Streifen als Schablone, um weitere Streifen auszuschneiden. So können z. B. alle roten Krepppapierstreifen gleich lang sein, aber kürzer als die grünen und länger als die blauen Streifen.

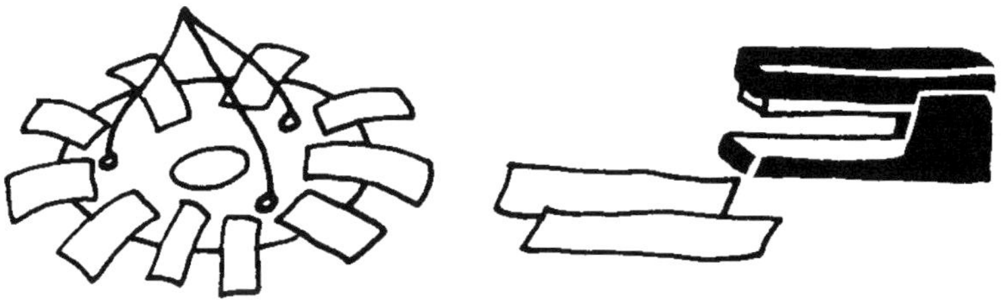

Schritt 3 und 4

3. Klammere die Krepppapierstreifen Farbe für Farbe außen am Pappring fest.
4. Mache in gleichmäßigem Abstand drei Löcher in den Pappring und knote drei gleich lange Stücke Faden daran fest. Verknote die drei losen Enden miteinander und binde ein weiteres langes Stück Faden daran fest, an dem du deinen Windsack aufhängen kannst.

Weitere Vorschläge

- Dieser Windsack eignet sich auch gut als Drachen. Verwende eine stabile Schnur, die nicht so leicht zerreißt.
- Gestalte einen Regenbogen. Die Farben treten in folgender Reihenfolge auf: Rot, Orange, Gelb, Grün, Blau, Indigo (Dunkelblau), Violett.

Sand-Trockenblumen

Material

- Schachtel
- Sand
- Schere
- Blumen
- Trinkhalme
- grüner Pfeifenputzer (Chenilledraht)

Material für weitere Vorschläge

- grünes Seiden-, Krepp- oder Tonpapier
- Bast

Los geht's!

1. Schneide die Stängel der Blumen bis auf 2,5 cm ab.
2. Fülle die Schachtel zur Hälfte mit Sand. Stecke die Blumenköpfe in den Sand. Streue vorsichtig Sand über die Blüten, bis diese völlig bedeckt sind.
3. Stelle die Schachtel für mindestens zwei Wochen an einen trockenen Platz.
4. Hole die getrockneten Blüten vorsichtig heraus. Stecke jeden Stielrest in einen Trinkhalm. Umwickle Stielrest und Trinkhalm mit einem Pfeifenputzer, um sie zusammenzuhalten.

Weitere Vorschläge

- Schneide aus grünem Seiden- oder Tonpapier Blätter aus und klebe sie an den Stängeln fest. Du kannst die Stängel auch mit grünem Seiden- oder Krepppapier umwickeln.
- Binde mehrere Trockenblumen mit einer Bastschleife zusammen und lege den Strauß als Dekoration in einen Korb.
- Mit welchen Blüten klappt es am besten: mit einfachen oder gefüllten, kleinen oder großen, solchen mit mehr oder denen mit weniger Blütenblättern? Wie verändern sich die Farben?

Spitzen-Schmetterlinge

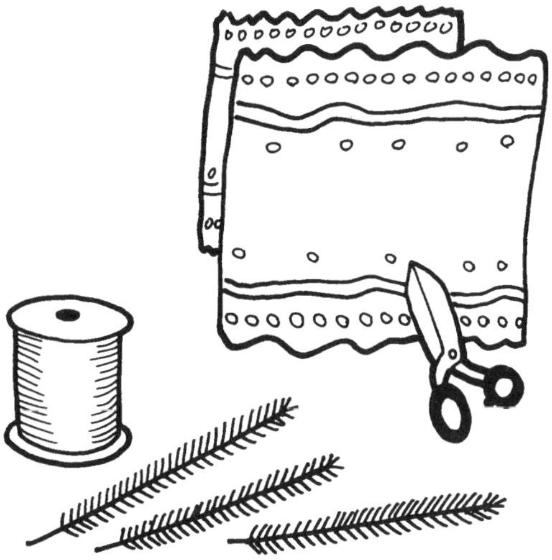

Material

- Reste von breiter Spitze oder Spitzenstoff
- Schere
- weißer Faden
- Pfeifenputzer (Chenilledraht)

Los geht's!

1. Schneide aus den Stoffresten zwei Rechtecke in unterschiedlicher Größe für zwei Schmetterlinge aus. Runde jeweils die Ecken ab.
2. Nimm die Stoffstücke jeweils in der Mitte zusammen und binde einen Faden darum. So entsteht ein Flügelpaar.
3. Lege jeweils einen Pfeifenputzer um die Mitte der Stoffstücke und forme aus den überstehenden Enden Fühler.

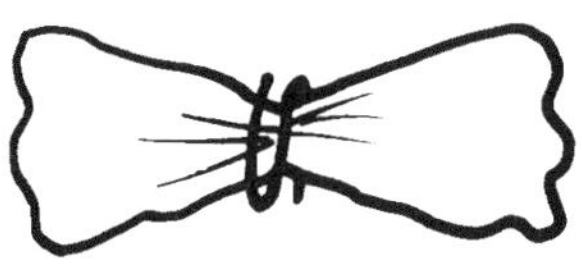

Schritt 2

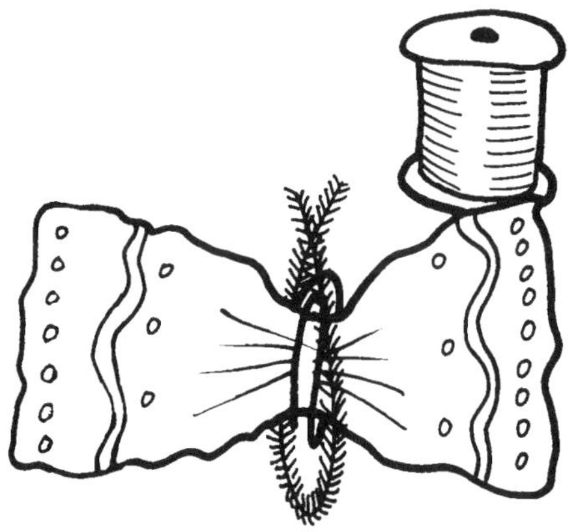

Weitere Vorschläge

- Setze deine Schmetterlinge auf getrocknete Blüten (vgl. Seite 45) oder auf blühende Pflanzen.

Sonnenfänger mit getrockneten Blumen

Material

- Blumen
- schweres Buch
- Löschpapier oder Zeitungspapier
- Wachspapier
- Bügeleisen
- Frotteehandtuch
- Kleber
- Rahmen aus Tonpapier in beliebiger Farbe (rund oder eckig)

Material für weitere Vorschläge

- Stoffsäckchen

Los geht's!

1. Pflücke im Garten ein paar Blumen oder kaufe welche. Lege sie zwischen Zeitungspapier oder Löschpapier und presse sie zwischen den Seiten eines dicken Buches. Wenn die Blumen ganz trocken sind, nimm sie vorsichtig heraus.
2. Lege die getrockneten Blumen auf ein Stück Wachspapier und bedecke sie mit einem weiteren Stück in passender Größe und Form. Lege ein Frotteehandtuch über das Wachspapier. Stelle das Bügeleisen auf eine niedrige Temperatur ein und bügle vorsichtig über das Handtuch.
3. Mache für die Seiten des Sonnenfängers einen Rahmen aus Tonpapier und klebe ihn fest. Hänge den Sonnenfänger ans Fenster.

Schritt 1

Schritt 2

Weitere Vorschläge

- Statt Wachspapier und Bügeleisen kannst du auch Klebefolie verwenden.
- Wenn deine getrockneten Blumen duften, kannst du ein Duftsäckchen basteln. Zerbröckle die Blumen und lege sie in ein Stoffsäckchen.
- Bemale den Rahmen deines Sonnenfängers, dann sieht er noch schöner aus.
- Was hältst du von einem Sonnenfänger mit Bild? Ordne die Blüten in Form einer Person oder eines Tieres an.

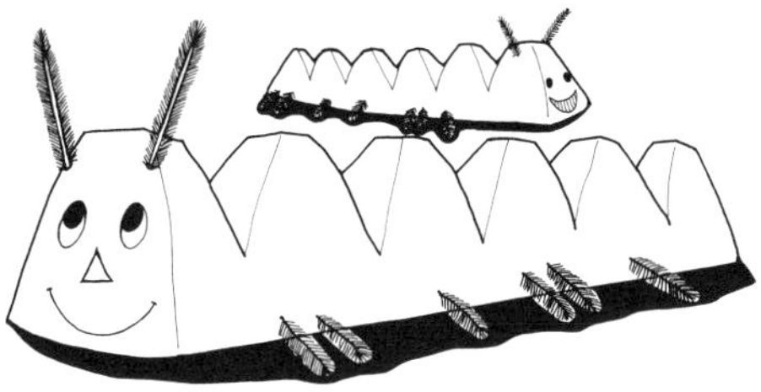

Eierkartonraupe

Material

- großer Eierkarton
- Schere
- grüne Farbe
- Pinsel
- Filzstifte
- Pfeifenputzer (Chenilledraht)
- Klebeband (optional)

Material für weitere Vorschläge

- Wackelaugen
- Tonpapier

Los geht's!

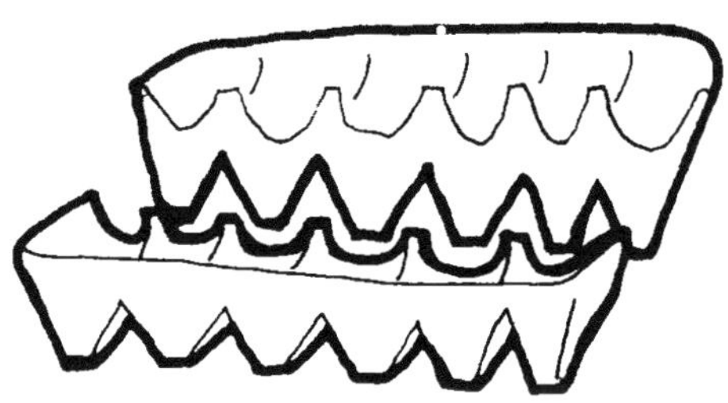

Schritt 1

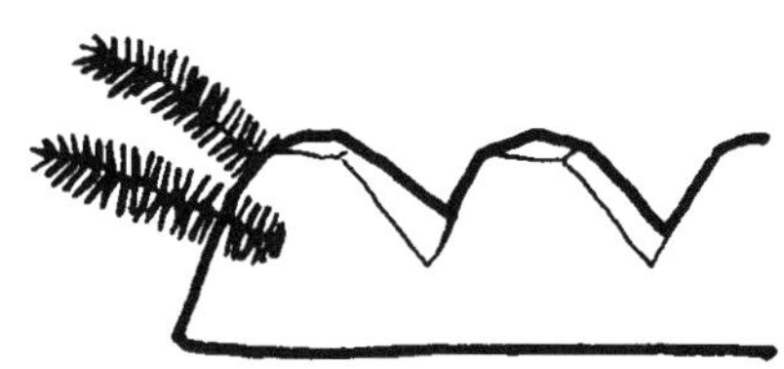

Schritt 3

1. Schneide den Deckel des Eierkartons ab. Schneide den Boden der Länge nach durch – du kannst gleich zwei Raupen basteln.
2. Drehe die Eierkartonstreifen um, sodass die Vertiefungen für die Eier nicht zu sehen sind. Male die Eierkartons grün an. Lass die Farbe trocknen. Male an einer Seite mit den Filzstiften Augen, Nase und Mund der Raupe auf.
3. Schneide jeweils zwei Pfeifenputzer in der Mitte durch. Das ergibt die Fühler. Mache mit der Spitze deiner Schere zwei kleine Löcher in den Kopf der Raupe. Stecke die Fühler hinein.
4. Schneide vier weitere Pfeifenputzer in je drei Teile. Stecke die Pfeifenputzerstücke als Beine unten in den Eierkarton, an jeder Seite eines „Bechers" eins.
5. Biege die Pfeifenputzerbeine innen um, damit sie halten. Du kannst die Beine und Fühler auch mit Klebeband fixieren.

Weitere Vorschläge

- Du kannst deine Raupen mit Wackelaugen verzieren oder ihnen Schuhe aus Tonpapier anziehen.
- Aus einzelnen Teilstücken von Eierkartons kannst du andere Tiere basteln. Wie wäre es mit einem Marienkäfer (rot mit schwarzen Punkten) oder Spinnen (schwarz mit acht Beinen)?
- Lies das Buch „Die kleine Raupe Nimmersatt" von Eric Carle (Gerstenberg 1998).

Bunte Schmetterlinge

Material

- Wachspapier
- Schere
- Seidenpapier in verschiedenen Farben
- Flüssigkleber
- Pinsel
- Faden

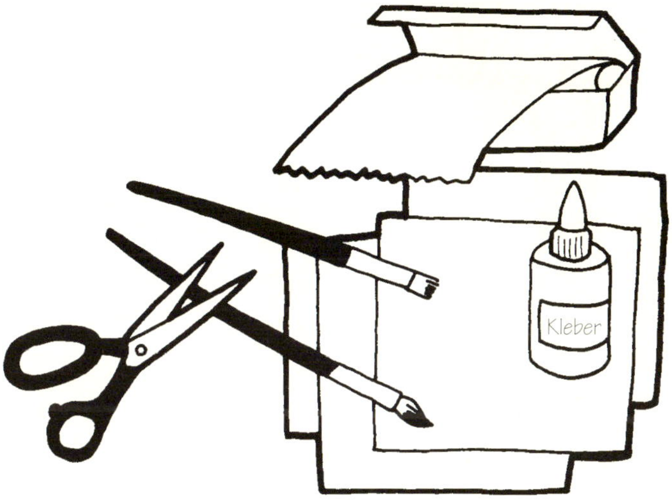

Material für weitere Vorschläge

- Pfeifenputzer (Chenilledraht)

Los geht's!

1. Schneide aus dem Wachspapier einen Schmetterling aus.
2. Schneide kleine Stücke Seidenpapier ab.
3. Bestreiche einen Teil des Schmetterlings mit Kleber. Bedecke den Kleber mit den Seidenpapierstückchen.
4. Klebe weitere Seidenpapierstücke auf, bis der Schmetterling ganz bedeckt ist. Lass den Kleber trocknen. Klebe anschließend eine zweite Lage Seidenpapierstückchen auf.

5. Hebe den Seidenpapierschmetterling vorsichtig vom Wachspapier ab, wenn der Kleber getrocknet ist. Wenn du möchtest, kannst du den Schmetterling noch in Form schneiden.
6. Befestige einen Faden an deinem Schmetterling und hänge ihn an der Decke oder am Fenster auf.

Weitere Vorschläge

- Als Fühler kannst du Pfeifenputzer verwenden.
- Informiere dich über Schmetterlinge, z. B. in „Die Schmetterlings-Uhr“ von Una Jacobs (Heinrich Ellermann Verlag 2001) oder in „Heimische und exotische Schmetterlinge“ von Sabine Steghaus-Kovac (Was ist was, Bd. 43, Tessloff 2006).
- Mit dieser Technik kannst du auch Weihnachtsdekoration herstellen (z. B. Sterne).

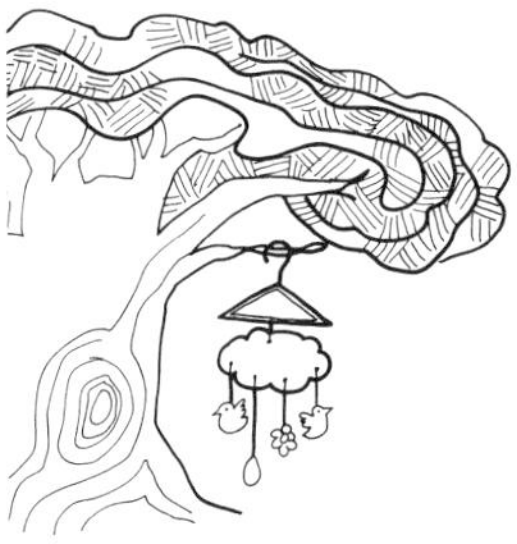

Frühlingshaftes Mobile

Material

- weißes und farbiges Tonpapier, DIN A4
- Schere
- Bleistift
- Faden
- Stock oder Drahtkleiderbügel

Material für weitere Vorschläge

- Dekorationsmaterial (z. B. Samen, Glitter, farbige Papierkügelchen)
- durchsichtiges Klebeband
- Kleber oder Tacker
- Seidenpapier
- Filzstifte

Los geht's!

Schritt 3 und 4

1. Schneide aus verschiedenfarbigem Tonpapier die folgenden Formen aus: große Wolke, Regentropfen, Blume, Vogel.
2. Bohre mit der Schere ein kleines Loch oben in die Wolke. Befestige die Wolke mit einem Stück Faden an dem Stock oder Drahtkleiderbügel.
3. Stich unten in die Wolke für jede der Frühlingsformen, die du ausgeschnitten hast, ein Loch.
4. Binde die Formen mit einem Stück Faden an der Wolke fest.

Weitere Vorschläge

- Schreibe dein Lieblingsfrühlingsgedicht auf die Wolke oder – noch besser – dichte selbst eines.
- Schmücke die Blume und den Vogel. Male mit Filzstift Muster auf oder beklebe sie mit Samen, Glitter oder farbigen Papierkügelchen.
- Wenn es dir schwerfällt, die Fäden an die Wolke zu knoten, kannst du sie auch mit durchsichtigem Klebeband aufkleben.
- Schneide zwei gleiche Wolken aus. Klebe oder klammere sie an den Kanten zusammen, lass aber ein kleines Loch offen. Stopfe die Wolke mit Seidenpapier aus und schließe die Öffnung.

Eier mit Naturfarben färben

Material

- hart gekochte Eier
- Töpfe und Wasser
- Tiefkühlspinat (grünes Färbebad)
- Brombeeren (rotes Färbebad)
- Zwiebelschalen (braunes Färbebad)
- Kamillenblüten (gelbes Färbebad)
- Rote Beete (rosafarbenes Färbebad)
- Karotten (pfirsichfarbenes Färbebad)
- Kunststoff- oder Styroporbehälter (einen für jedes Färbebad)
- großer Löffel
- Eierkartons

Material für weitere Vorschläge

- Essig
- Dekorationsmaterial (z. B. Pailletten, Glitter, Wolle, Spitze, Litze, Bänder)
- Beerenkorb aus Kunststoff
- großer Ast
- mit Sand gefüllter Eimer

Los geht's!

1. Koche Spinat, Brombeeren, Zwiebelschalen, Kamillenblüten, Rote Bete und Karotten so lange jeweils in einem Topf, bis das Wasser deutlich gefärbt ist. Falls du nur einen Topf zur Verfügung hast, musst du ihn jedes Mal gründlich spülen, bevor du neue Farbe ansetzt.
2. Gieße das gefärbte, abgekühlte Wasser vorsichtig jeweils in einen Kunststoff- oder Styroporbehälter.
3. Lege jedes Ei vorsichtig in eines der Färbebäder. Hole die Eier mit einem großen Löffel heraus. Je länger du die Eier im Färbebad liegen lässt, desto intensiver werden die Farben.
4. Lass die Eier auf umgedrehten Eierkartons trocknen.

Weitere Vorschläge

- Je länger du die Eier im Färbebad liegen lässt, desto intensiver werden die Farben. Das Färben mit Naturfarben dauert länger als das Färben mit künstlicher Eierfarbe. Wenn dir die Farben nicht kräftig genug sind, kannst du es mit der Zugabe von etwas Essig in das Färbebad versuchen.
- Beim Verzieren der Eier sind deiner Fantasie keine Grenzen gesetzt. Male vor dem Färben mit Wachsmalstiften Gesichter oder Bilder auf die Eier. Nach dem Färben kannst du die Eier mit Spitzen, Litzen oder Bändern verzieren oder Pailletten, Glitter oder Wolle aufkleben. Wie wäre es mit einer „Eierfamilie"? Gestalte die Gesichter mit Filzstiften.
- Mache einen Beerenkorb aus Kunststoff sauber. Webe Spitze durch die Löcher. Lege die gefärbten Eier in das Osterkörbchen.
- Was hältst du von einem Eierbaum? Stecke einen großen Ast in einen mit Sand gefüllten Eimer und hänge gefärbte Eier daran auf.

Wind-Hase

Material

- zwei Blätter weißes Tonpapier, DIN A4
- rosafarbenes Tonpapier
- Filzstifte
- Tacker
- Schere
- Kleber
- sechs Pfeifenputzer (Chenilledraht)
- Lochzange
- Bindfaden

Material für weitere Vorschläge

- Watte
- Wolle
- Kartonstreifen

Los geht's!

1. Male ein Hasengesicht in die Mitte des weißen Tonpapiers. Rolle das Papier zu einem Zylinder und klammere die Kanten zusammen.
2. Schneide aus dem zweiten weißen Blatt Tonpapier zwei Ohren und aus dem rosafarbenen zwei kleinere Ohren aus. Klebe die rosafarbenen Ohren auf die weißen Ohren und klammere sie am Zylinder fest.
3. Klebe auf beiden Seiten der Nase jeweils drei Pfeifenputzer als Schnurrhaare auf.
4. Mache oben in den Zylinder drei Löcher und knote jeweils ein kurzes Stück Bindfaden darin fest. Verknote die losen Enden miteinander und befestige ein langes Stück Bindfaden daran. Hänge den Windsack an dem langen Faden auf.

Weitere Vorschläge

- Befestige auf der Rückseite des Windsacks vier oder fünf Watteböllchen als Schwanz.
- Statt einen Hasen zu zeichnen, kannst du auch einen Windsack mit einem Selbstportrait basteln. Als Haare verwendest du Wollfäden. Nase und Ohren schneidest du aus Tonpapier und klebst sie an.
- Mit zweifarbigen Hasenohren kannst du dir einen Kopfschmuck basteln. Miss einen Kartonstreifen ab, sodass er um deinen Kopf passt, und klammere ihn zusammen. Klammere anschließend die Ohren an das Kartonband.

Konfetti-Eier

Material

- Eier
- Reißzwecken
- Lebensmittelfarbe
- Essig
- Schüsseln
- großer Löffel
- Eierkartons
- Konfetti
- Klebeband

Material für weitere Vorschläge

- Seidenpapier

Los geht's!

1. Bohre mit einer Reißzwecke ein kleines Loch in das eine Ende jeden Eies und ein großes in das andere Ende. Blase die Eier vorsichtig in eine Schüssel aus.
2. Lege die ausgeblasenen Eier behutsam in Schüsseln mit Essig und Lebensmittelfarbe. Lass die Eierschalen so lange in der Farbe liegen, bis sie durchgefärbt sind. Hole die Eier mit einem großen Löffel aus den Schüsseln und lass sie auf umgedrehten Eierkartons trocknen.
3. Vergrößere jeweils das größere Loch etwas und fülle die Eierschalen zur Hälfte mit Konfetti. Verschließe das Loch mit Klebeband.

Schritt 3

Weitere Vorschläge

- Eierwerfen mit Konfetti-Eiern ist der Hit! Stelle dich mit deinen Freunden in zwei Reihen einander gegenüber auf und werft die Eier hin und her, wobei ihr versucht, sie zu fangen und nach jedem Wurf weiter auseinanderrückt.
- Zerdrückt die gefüllten Eier und schüttet euch das Konfetti gegenseitig über die Köpfe – ein Spaß für jede Frühlingsparty.

Piñata

Material

- große Einkaufstüte aus Papier
- farbiges Seidenpapier
- Schere
- Kleber
- Zeitungspapier
- Süßigkeiten und kleines Spielzeug
- Tacker
- Seil

Material für weitere Vorschläge

- dicke Filzstifte
- Tonpapier
- Wolle
- Stock
- Seidenpapier

Los geht's!

Schritt 1

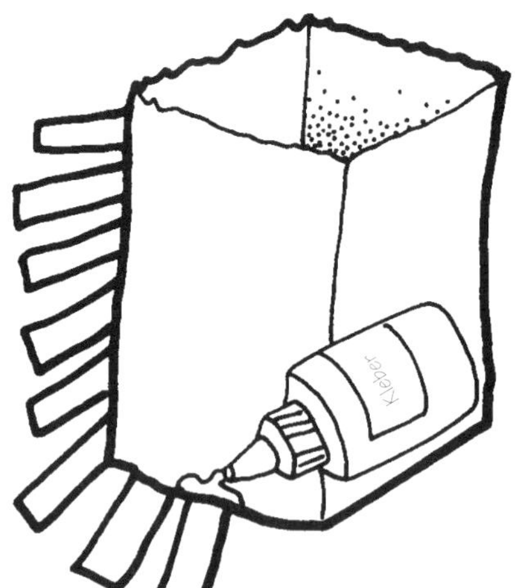

Schritt 2

1. Schneide das Seidenpapier in etwa 4 cm breite Streifen.
2. Klebe die Seidenpapierstreifen kreisförmig um die Papiertüte, bis sie völlig bedeckt ist. Die Seidenpapierstreifen sollten sich überlappen.
3. Fülle die Tüte mit zusammengeknülltem Zeitungspapier, Süßigkeiten und Spielzeug. Schließe die Tüte und klammere die Öffnung zusammen.
4. Bitte einen Erwachsenen, die Piñata mit einem Seil an einem Ast aufzuhängen.

Weitere Vorschläge

- Umwickle einen Stock mit Seidenpapier. Lade deine Freunde ein und schlagt so lange abwechselnd mit verbundenen Augen mit dem Stock auf die Piñata, bis sie kaputt ist und der Inhalt herausfällt. Diese Piñata ist leicht zu basteln, aber es ist ganz schön schwierig, sie aufzuschlagen.
- Noch einfacher und schneller geht es, wenn du ein Bild auf die Papiertüte zeichnest und mit dicken Filzstiften ausmalst. Klebe Arme und Beine aus Tonpapier und Wolle als Haare an. Diese Art Piñata ist weniger stabil.

Freu-dich-Mutti-Glas

Material

- Einmachglas mit Schraubringdeckel
- quadratisches Stoffstück mit ca. 18 cm Kantenlänge
- Tonpapier
- farbiger Stift
- Schere

Material für weitere Vorschläge

- Zackenschere
- wasserfeste Folienschreiber oder Glasmalfarbe

Los geht's!

1. Schneide das Tonpapier in Streifen. Schreibe auf die Streifen etwas, über das deine Mutter sich freut. Beispiele: „Ich mag es, wenn du mir vorliest!", „Danke, dass du so oft Spaghetti kochst!" oder „Ich fühle mich gut, wenn du mich auf die Nase küsst!"
2. Rolle die Streifen auf und lege sie in das Glas. Wenn das Glas noch nicht voll genug ist, beschrifte weitere Streifen.
3. Trenne Deckel und Schraubring. Lege den Stoff über den Deckel und drücke darüber den Schraubring. Verschließe das Glas mit dem Schraubringdeckel.

Schritt 2

Schritt 3

Weitere Vorschläge

- Schneide die Ränder des Stoffquadrates mit einer Zackenschere ab, dann sieht es schicker aus.
- Du kannst auch Gutscheine in das Glas legen. Beispiele: „Ich spüle heute!", „Du bekommst ein Eis von mir!" oder „Ich putze das Waschbecken im Bad!"
- Bemale das Glas mit wasserfesten Folienschreibern oder Glasmalfarbe. Male ein Muster auf oder schreibe eine besondere Nachricht an deine Mutti auf das Glas.

Seidenpapierblumen

Material

- farbiges Seidenpapier, in große Quadrate geschnitten, ca. 15 cm x 15 cm
- Schere
- Pfeifenputzer (Chenilledraht)
- grünes Floristenband, alternativ 8 cm breite Seiden- oder Krepppapierstreifen in Grün

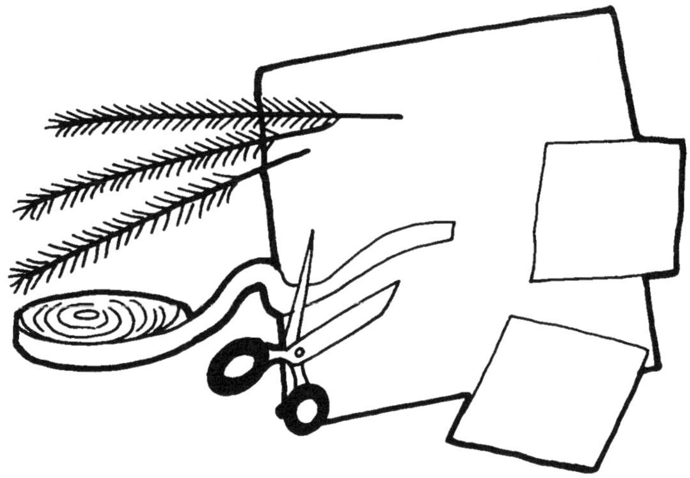

Material für weitere Vorschläge

- Filzstifte
- leere Getränkedose

Los geht's!

1. Falte das Seidenpapier wie eine Ziehharmonika.
2. Runde mit der Schere beide Enden des gefalteten Papiers ab.
3. Lege einen Pfeifenputzer über die Mitte des gefalteten Seidenpapiers. Zupfe das Papier auseinander, sodass sich eine gefüllte Blüte ergibt.
4. Umwickle die Blumen von der Unterseite der Blüte bis zum Ende des Pfeifenputzers mit Floristenband oder Papierstreifen.

Schritt 3

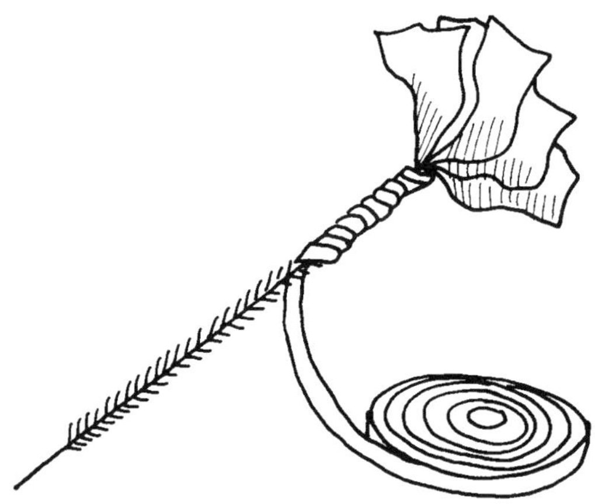

Schritt 4

Weitere Vorschläge

- Beschneide die Enden des gefalteten Seidenpapiers bei jeder Blüte anders. In Bastelläden findest du preiswerte Scheren mit ungewöhnlicher Schnittführung (z. B. Zickzack- und Wellenscheren).
- Bastle Blüten mit Seidenpapier in zwei Farben oder dekoriere eine einfarbige Blüte, indem du mit Filzstift Streifen oder Flecken aufmalst.
- Bastle eine Vase aus einer beklebten Getränkedose. Schenke deiner Mutter den Seidenpapierstrauß zum Muttertag.

Stiftebehälter mit Gesicht

Material

- Dose, ausgewaschen und getrocknet
- weißes Tonpapier
- Tonpapierreste in verschiedenen Farben
- Filzstifte
- Schere
- Kleber

Material für weitere Vorschläge

- Wolle
- Tapetenreste
- Dekorationsmaterial (z. B. Zickzacklitze, Glitter)

Los geht's!

1. Beklebe die Dose mit weißem Tonpapier.
2. Aus den Tonpapierresten schneidest du einen Hemdkragen und eine Krawatte aus. Falte für Arme und Beine Tonpapierstreifen ziehharmonikaartig – Hände und Füße nicht vergessen.
3. Zeichne das Gesicht deines Vaters auf die Dose und klebe die ausgeschnittenen Körperteile an den richtigen Stellen an.
4. Der Stiftebehälter ist ein schönes Vatertagsgeschenk.

Schritt 2

Schritt 3

Weitere Vorschläge

- Suche Wolle, die eine ähnliche Farbe hat, wie die Haare deines Vaters, und klebe sie am oberen Dosenrand an.
- Welches Hobby hat dein Vater? Schneide einen dazu passenden Gegenstand aus Tonpapier aus und klebe ihn an einer Hand fest.
- Du kannst die Dose auch mit Tapetenresten bekleben und mit Zickzacklitze, Aufklebern, Glitter, Gegenständen aus Tonpapier o. Ä. schmücken.

Kleingelddose

Material

- kleine Margarinedose mit Deckel
- Grafiker- oder Teppichmesser
- Packpapier
- Kleber
- Stifte

Material für weitere Vorschläge

- Geschenkpapier

Los geht's!

1. Schneide mithilfe des Grafiker- oder Teppichmessers einen münzgroßen Schlitz in die Mitte des Deckels.
2. Beklebe die Dose mit Packpapier.
3. Male Lieblingsgegenstände deines Vaters auf den Becher.
4. Über dieses Vatertagsgeschenk freut sich dein Vater bestimmt.

Weitere Vorschläge

- Wenn du eine größere Dose verwendest, haben auch noch Geldscheine Platz.
- Beklebe die Dose mit Geschenkpapier. Schmücke den Deckel passend dazu.

Wollbild

Material

- Kartonquadrat, 10 x 10 cm
- Bleistift
- dicke Wolle in verschiedenen Farben
- Schere
- Kleber

Material für weitere Vorschläge

- Stickgarn
- Pinzette
- Farbe
- flache Styropor- oder Pappteller (z. B. aus der Gemüsetheke)
- weißes Tonpapier oder Karton
- Pinsel

Los geht's!

1. Zeichne ein einfaches Sommerbild mit Bleistift auf den Karton, z. B. ein Segelboot, eine Blume oder einen Schmetterling.
2. Überlege dir, welche Farbe du für den Hintergrund verwenden willst und welche Farben für das Motiv, das du gezeichnet hast. Schneide von jeder Wollfarbe mehrere 30 cm lange Stücke ab.
3. Bestreiche einen Teil deines Bildes mit Kleber. Lege ein Stück Wolle zickzackförmig nebeneinander auf die beklebte Fläche. Arbeite so weiter, bis das ganze Motiv bedeckt ist. Anschließend bearbeitest du den Hintergrund genauso. Wenn deine Finger zu klebrig werden, wasche dir zwischendurch die Hände.

Weitere Vorschläge

- Wenn du mit einfachen Motiven Erfahrung gesammelt hast, kannst du auch aufwändigere Bilder gestalten.
- Für kleinere Bilder verwendest du statt der Wolle Stickgarn. Eine Pinzette erleichtert dir das Verschieben der Fäden.
- Stelle Wolldrucke her. Beklebe dazu nur das Motiv mit Wolle und lass den Hintergrund frei. Schütte etwas Farbe auf einen Papp- oder Styroporteller. Tauche die Wolle in die Farbe und presse dein Bild auf ein Stück weißes Tonpapier oder auf weißen Karton.
- Stelle Schnurdrucke her. Beklebe dazu nur das Motiv mit Schnur und lass den Hintergrund frei. Färbe die Schnur mit einem Pinsel ein. Lege ein Blatt Tonpapier auf das eingefärbte Bild und reibe leicht darüber. Hebe den Druck vorsichtig ab.

Sonnen-Malerei

Material

- Sonnenlicht
- farbiges Tonpapier
- Objekte unterschiedlicher Form
- dicke Filzstifte oder Wachsmalkreiden (optional)

Material für weitere Vorschläge

- kleinere Alltagsgegenstände (z. B. Schrauben, Muttern, Besteck)

Los geht's!

1. Gehe nach draußen und lege die Objekte auf das Tonpapier. Lass das Tonpapier mindestens eine Stunde in der Sonne liegen.
2. Wenn du die Gegenstände abnimmst, hat sich das Papier außerhalb der Stellen, die durch die Gegenstände verdeckt waren, farblich verändert.
3. Wenn du möchtest, kannst du die farblich unveränderten Stellen noch mit Filzstiften oder Wachsmalkreiden ausgestalten. Aus dem Abdruck des Hammers entsteht dann z. B. ein Tier.

Schritt 3

Schritt 1

Weitere Vorschläge

- Kombiniere Gegenstände, sodass sie ein Bild ergeben. Zum Beispiel kannst du mit Schrauben und Muttern ein Gesicht legen.
- Du kannst Themenbilder gestalten, z. B. verschiedene Blätter, Besteckteile oder Formen (Kreise, Quadrate etc.) anordnen.
- Überlege, wie du das Abbild des Gegenstands ausgestalten kannst. Aus einem Hammer machst du ein Steckenpferd, indem du ein Gesicht auf den Hammerkopf zeichnest und den Stiel mit einer Mähne versiehst. Vielleicht malst du auch noch Ohren und eine Pferdeweide.

Wachsblumen

Material

- weißes Tonpapier
- schwarzer Wachsmalstift, dicker Filzstift oder Kreide
- Wachsmalstifte in leuchtenden Farben
- Anspitzer für Wachsmalkreiden, Apfelschäler oder Käsehobel
- Sonnenwärme

Los geht's!

1. Zeichne die Umrisse einer Blüte auf ein Stück Tonpapier.
2. Stelle mithilfe des Anspitzers, des Apfelschälers oder des Käsehobels Wachsspäne aus deinen Wachsmalstiften her. Fülle die Umrisse der Blüte mit Wachsspänen in verschiedenen Farben.
3. Transportiere dein Bild vorsichtig an die Sonne. Beschwere es am Rand mit Steinen oder anderen schweren Gegenständen, damit es liegen bleibt. Die Wachsspäne schmelzen in der Sonne.
4. Falls möglich, lass dein Bild über Nacht draußen liegen, damit die geschmolzene Wachsmalkreide aushärten kann.

Schritt 2 Schritt 3

Weitere Vorschläge

- Welche anderen Motive kannst du mit dieser Technik gestalten? Probiere es aus!
- Lass andere Leute raten, wie deine Kunstwerke entstanden sind.

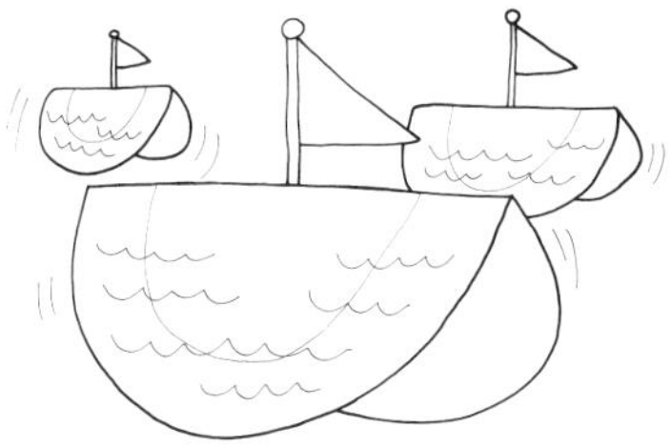

Schaukelndes Segelschiff

Material

- dünner Pappteller
- Bleistift
- Schere
- Filzstifte

Material für weitere Vorschläge

- Glitter
- Salzgebäck
- Kleber

Los geht's!

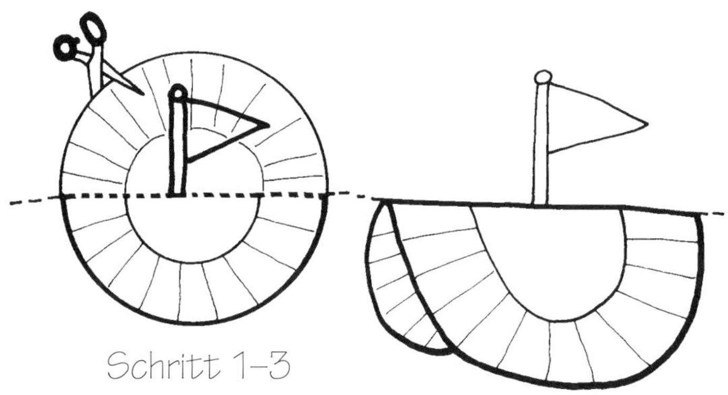

1. Falte den Pappteller in der Mitte und breite ihn wieder aus.
2. Zeichne ein Boot: Mast und Segel über der Faltlinie, der obere Teil des Bootes endet an dieser Linie.
3. Schneide um Mast und Segel so herum, dass sie mit dem unteren Teil des Tellers verbunden bleiben.
4. Falte den Pappteller wieder an der ursprünglichen Faltlinie. Mast und Segel stehen nun heraus.
5. Male mit Filzstiften das Boot und die Segel aus. Male Wellen auf.

Weitere Vorschläge

- Wenn du Kleber auf die Wellenlinien streichst und Glitter darüber streust, glitzern die Wellen.
- Klebe Salzgebäck in Fischform auf – dann sieht es so aus, als schwämmen Fische in deinem Meer.
- Gib deinem Boot einen Namen und schreibe diesen auf den Rumpf. Deine Lieblingszahl schreibst du auf das Segel.
- Wenn du einen Text auf die Innenseite schreibst, hast du eine originelle Karte.

Bunte Muscheln

Material

- Schalen von Muscheln und Schnecken
- Farben
- feine Pinsel
- Band
- Heißklebepistole

Material für weitere Vorschläge

- Kleber
- Glitter
- Bleistift
- Gummiband
- Steine
- Papier

Los geht's!

1. Sammle oder kaufe Muschelschalen und Schneckenhäuser.
2. Bemale die Rillen und Rippen in kontrastierenden Farben.
3. Als Aufhänger klebst du jeweils vorsichtig mit einer Heißklebepistole ein Stück Band an.

Schritt 2

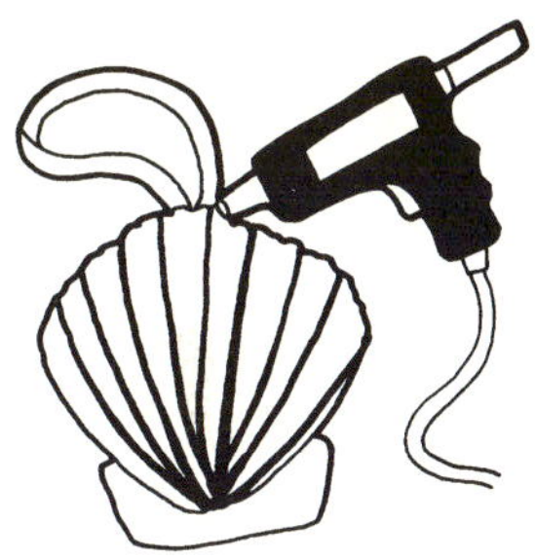

Schritt 3

Weitere Vorschläge

- Beginne eine Schalensammlung. Wie viele verschiedene Muschelschalen und Schneckenhäuser findest du? Wenn du nicht am Meer wohnst, kannst du auch Schalen von Süßwassermuscheln, Süßwasserschnecken oder Landschnecken sammeln.
- Statt die Schalen anzumalen, kannst du Kleber in den Rillen verteilen und Glitter darüber streuen.
- Lege unterschiedlich große und verschieden geformte Schalen von Schnecken und Muscheln auf Papier und umfahre sie mit einem Bleistift. Schneide die Formen aus. Wie schnell findet dein Freund heraus, welche Form zu welcher Schale gehört? Bestimme die benötigte Zeit mit einer Stoppuhr.
- Bemale viele kleine Schalen, verwende sie für eine Collage oder stelle Schmuck damit her. Ein Armband kannst du basteln, indem du die Schalen an ein breites Gummiband klebst. Die Enden des Gummibandes nähst du zusammen. Du kannst die Schalen auch vorsichtig durchbohren und auffädeln.
- Suche ungewöhnlich geformte Steine und male deren Rillen und Kerben an.

Sandbild

Material

- Sand
- wiederverschließbare Plastiktüten (für jede Farbe eine)
- Lebensmittelfarben
- Karton
- Kleber

Material für weitere Vorschläge

- Flaschen aus durchsichtigem Glas

Los geht's!

Schritt 4

1. Schütte Sand in die Plastiktüten und gib jeweils Lebensmittelfarbe hinzu.
2. Verschließe die Plastiktüten. Schüttle sie so lange, bis sich Sand und Farbe vermischt haben. Öffne die Tüten und lass den gefärbten Sand trocknen.
3. Überlege dir, wie dein Bild aussehen soll, damit du weißt, wo du welche Farbe verwenden willst.
4. Bestreiche die Flächen für eine bestimmte Farbe mit Kleber und streue den Sand darüber.
5. Lass den Kleber trocknen. Schüttle den überflüssigen Sand vorsichtig ab.
6. Wiederhole die Schritte 4 und 5 für jede Sandfarbe, bis dein Bild fertig ist.

Weitere Vorschläge

- Um den Sand zu färben, kannst du die Farben auch in Wasser auflösen, den Sand hinzugeben und das Gemisch 1–2 Stunden stehen lassen. Anschließend muss der Sand noch trocknen.
- Du hast noch farbigen Sand übrig? Fülle ihn lagenweise in Flaschen. Verwende ungewöhnlich geformte Flaschen und schwenke sie in verschiedene Richtungen.
  Es entstehen interessante Muster.

Sandkerzen

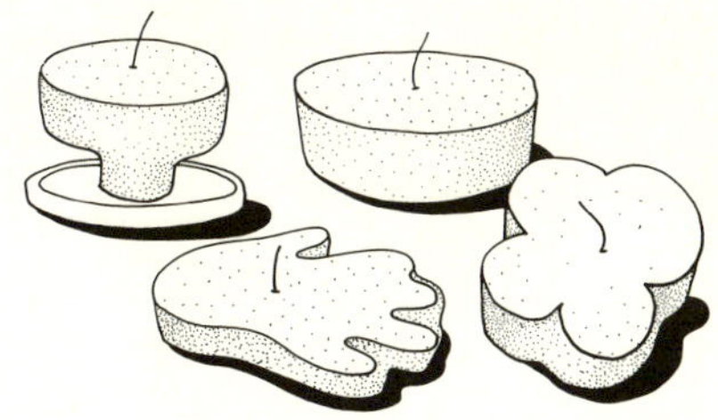

Material

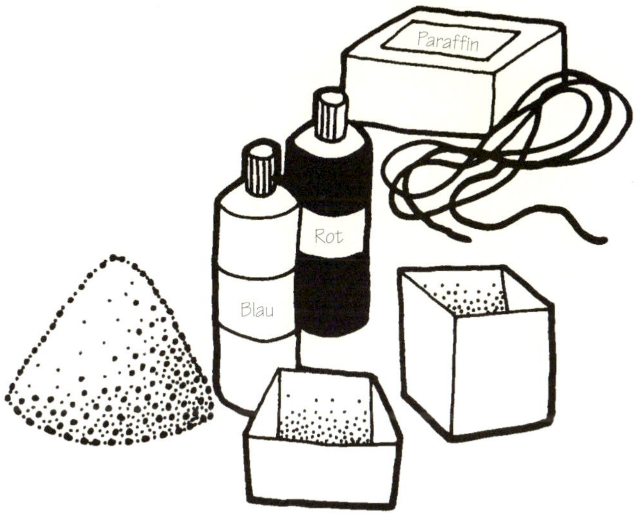

- Paraffin
- Docht oder Faden
- kleiner Stock oder Holzspieß
- Sand
- Behälter

Material für weitere Vorschläge

- Wachsmalkreide
- Muschelschalen
- leere Milchtüten

Los geht's!

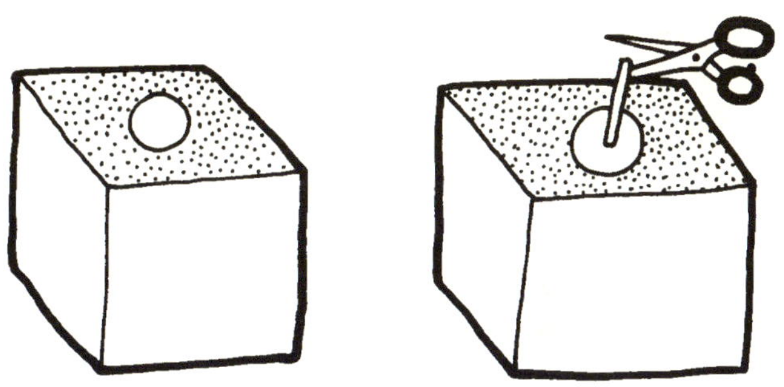

Schritt 1 Schritt 5

1. Besorge dir Sand. Feuchte den Sand an, schütte ihn in einen Behälter und drücke eine Vertiefung in einer von dir gewünschten Form in die Mitte. Achte darauf, dass die Unterseite der Mulde eben ist.
2. Binde den Docht oder Faden mit einem Knoten an den Stock oder Holzspieß und lege ihn quer über die Mulde. Der Docht sollte den Boden der Mulde berühren.
3. Schmelze das Paraffin nach der Anleitung auf der Packung. Gieße das flüssige Paraffin in die Mulde.
4. Bedecke das Paraffin oben vorsichtig mit Sand.
5. Die Kerze ist fertig, wenn sie oben ausgehärtet ist. Den Docht kannst du nun abschneiden und die Kerze aus dem Sand ziehen.

Weitere Vorschläge

- Für farbige Kerzen gibst du Wachsmalkreidenstücke in das schmelzende Paraffin.
- Dekoriere die Mulde im Sand mit Muschelschalen und gieße dann das Paraffin dazu.
- Das flüssige Paraffin kannst du auch in kleine Milchtüten gießen. Dann erhältst du würfelförmige Kerzen. Interessant sieht die Kerze aus, wenn du verschiedenfarbiges Paraffin in Schichten einfüllst. Lass die eine Schicht immer erst trocknen, bevor du die nächste Farbe dazugießt.

Reiseschreibtisch

Material

- große, stabile Schachtel mit Deckel
- scharfes Grafiker- oder Teppichmesser
- Kleber
- Farbe (deine Lieblingsfarbe)
- Pinsel

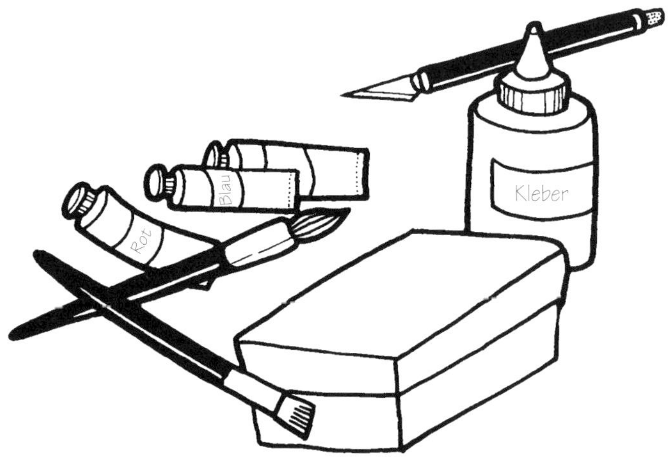

Material für weitere Vorschläge

- Pappbecher
- Briefumschläge
- Filzstifte

Los geht's!

1. Drehe die Schachtel um und schneide in der Mitte jeder Längsseite einen Halbkreis heraus, sodass du sie über deine Beine legen kannst.
2. Klebe den Deckel mit der Innenseite nach oben auf dem Boden des Unterteils fest. Von deinem Tisch kann nun nichts mehr herunterrollen.
3. Bemale den Schreibtisch in deiner Lieblingsfarbe.

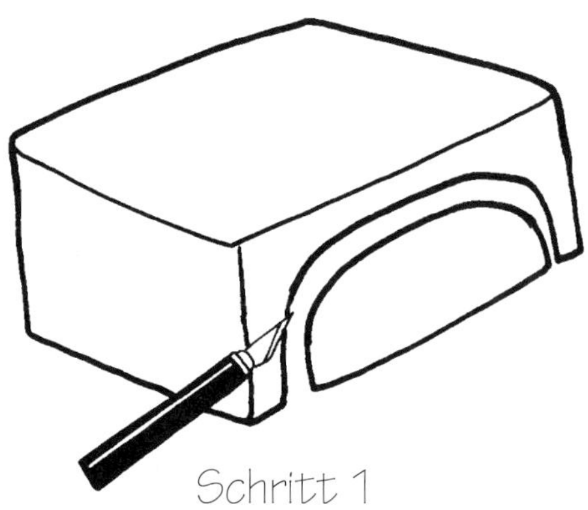
Schritt 1

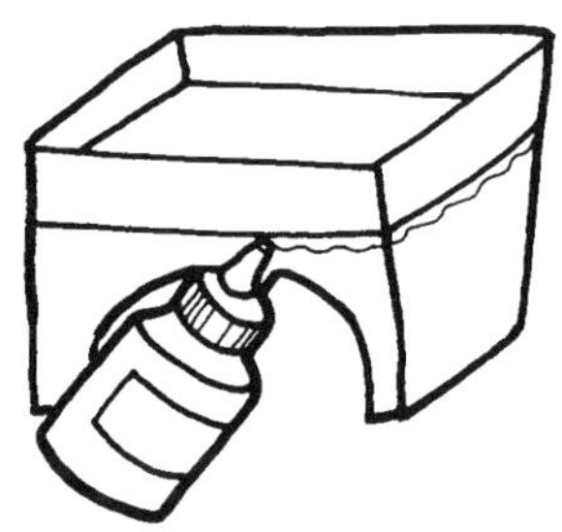
Schritt 2

Weitere Vorschläge

- Klebe einen Pappbecher in eine Ecke deines Tisches. Stelle deine Stifte hinein.
- In Briefumschlägen, die du an die Seiten deines Tisches geklebt hast, kannst du Spielkarten, Bücher, Stifte oder Briefmarken aufbewahren.
- Male unterwegs ein Bild von jeder Station deiner Reise auf die Seiten deines Tisches oder schreibe deine schönsten Urlaubserinnerungen auf die Oberseite.
- Falls deine Schachtel keinen Deckel hat, kannst du rundherum einen 5 cm breiten Streifen abschneiden und auf dem Schachtelboden als hochstehenden Rand aufkleben.

Dein persönliches Badetuch

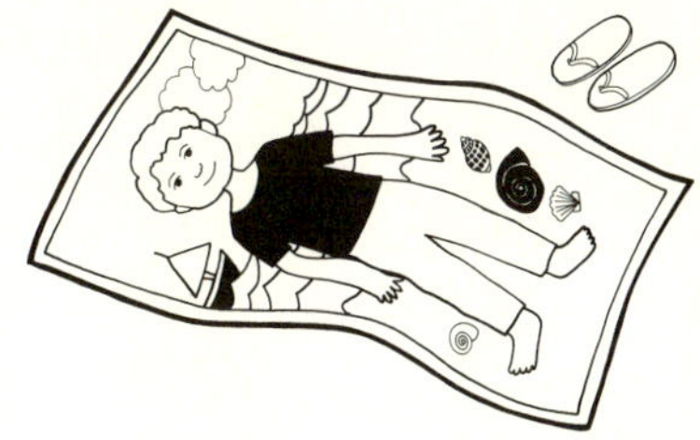

Material

- Frotteebadetuch (möglichst hell)
- Stofffarben
- Pinsel mit steifen Borsten

Los geht's!

1. Lege dich auf das Badetuch. Bitte einen Freund, deinen Umriss mit Stofffarbe vorsichtig nachzufahren.
2. Male mit Stofffarben dein Gesicht und deine Bekleidung auf, z. B. Badesachen oder deine Lieblingsklamotten.
3. Als Hintergrund malst du einen Strand, eine Wiese oder das Schwimmbad.

Weitere Vorschläge

- Fuß- und Handabdrücke auf dem Badetuch sehen auch toll aus.
- Bemale Handtücher mit Weihnachtsbäumen oder Frühlingsblumen und verschenke sie.
- Lasst bei einem Sommerfest alle Teilnehmer mit Stofffarbe auf dem Handtuch des Gastgebers unterschreiben.

Schritt 1

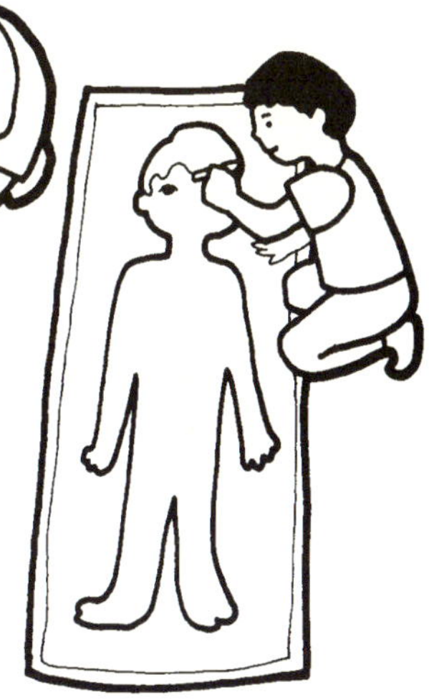
Schritt 2

Lesezeichen als Erinnerung

Material

- Tonpapier
- kleine Karte von Deutschland
- Bleistift
- Schere
- Kleber
- verschiedene Ansichtskarten von Deutschland
- durchsichtige Klebefolie oder Laminiergerät

Material für weitere Vorschläge

- Fotos

Los geht's!

1. Schneide aus dem Tonpapier ein langes Rechteck und aus der Karte die Umrisse von Deutschland aus.
2. Klebe die Karte von Deutschland oben auf das Rechteck.
3. Schneide Bilder aus Ansichtskarten aus und klebe sie unterhalb der Karte auf das Rechteck.
4. Wenn der Kleber trocken ist, laminierst du dein Lesezeichen oder beklebst es mit durchsichtiger Klebefolie.

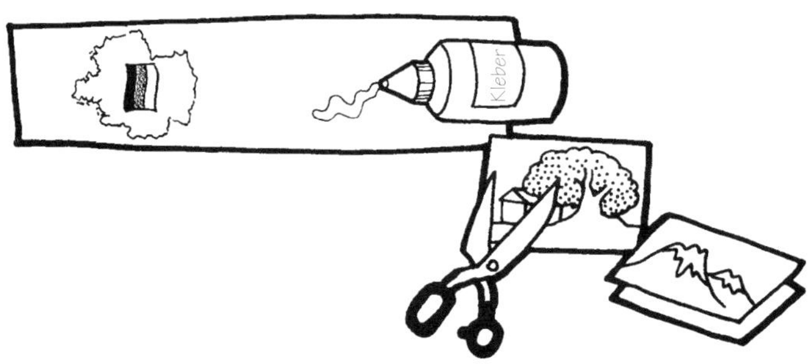

Weitere Vorschläge

- Statt Ansichtskarten kannst du auch Fotos verwenden.
- Wenn du in deinem Bundesland oder in einem anderen Land Urlaub machst, klebst du die entsprechende Karte auf dein Lesezeichen.

Ansichtskartenpuzzle

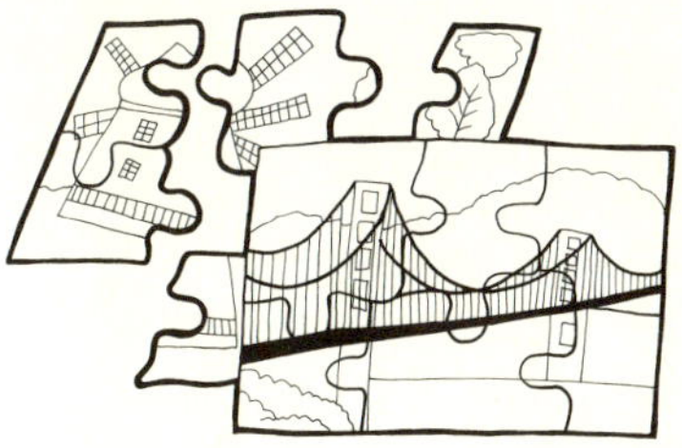

Material

- Ansichtskarte(n)
- Karton oder dickes Papier
- Klebestift
- Schere
- Bleistift
- wiederverschließbarer Plastikbeutel zur Aufbewahrung

Material für weitere Vorschläge

- durchsichtige Klebefolie oder Laminiergerät
- Zeitschriften

Los geht's!

1. Beklebe die Rückseite der Ansichtskarte mit dickem Papier oder Karton.
2. Zeichne Puzzlelinien auf die Rückseite und schneide die Ansichtskarte entlang der Linien durch.
3. Bewahre das Puzzle in einem wiederverschließbaren Plastikbeutel auf.

Weitere Vorschläge

- Laminiere das Puzzle oder bedecke es mit klarer Klebefolie, um es haltbarer zu machen.
- Klebe zwei Postkarten mit den Rückseiten aneinander, bevor du ein Puzzle daraus machst. Wie lange brauchen deine Freunde wohl, bis sie merken, dass es sich um zwei Bilder handelt?
- Noch schwieriger wird es, wenn du verschiedene Puzzles mischst.
- Wenn du keine Ansichtskarten hast, schneide Bilder aus Zeitschriften aus und klebe sie auf Karton.

Register